专项职业能力考核培训教材

心理健康指导

四川省职业技能鉴定指导中心　组织编写

徐亚灵　主　编

中国劳动社会保障出版社

图书在版编目（CIP）数据

心理健康指导 / 四川省职业技能鉴定指导中心组织编写；徐亚灵主编. -- 北京：中国劳动社会保障出版社，2023
专项职业能力考核培训教材
ISBN 978-7-5167-6079-6

Ⅰ.①心… Ⅱ.①四…②徐… Ⅲ.①心理健康-健康教育-职业培训-教材 Ⅳ.①G444

中国国家版本馆CIP数据核字（2023）第218606号

中国劳动社会保障出版社出版发行

（北京市惠新东街1号　邮政编码：100029）

*

北京市白帆印务有限公司印刷装订　　新华书店经销

787毫米×1092毫米　16开本　10印张　186千字
2023年12月第1版　2025年3月第3次印刷
定价：28.00元

营销中心电话：400-606-6496
出版社网址：http://www.class.com.cn

版权专有　　侵权必究

如有印装差错，请与本社联系调换：（010）81211666
我社将与版权执法机关配合，大力打击盗印、销售和使用盗版图书活动，敬请广大读者协助举报，经查实将给予举报者奖励。
举报电话：（010）64954652

本书编委会

主　任：尹　晓　陈云峰

委　员：李　沙　魏忠孝　谢　昆　叶林坤　田羽涵

本书编审人员

主　编：徐亚灵

副主编：葛陈诚　邹　亮

编　者：吕　婷　颜　静　赵　萌　刘　潇　杨俊洁

主　审：董玉洁

前　言

职业技能培训是全面提升劳动者就业创业能力、促进充分就业、提高就业质量的根本举措，是适应经济发展新常态、培育经济发展新动能、推进供给侧结构性改革的内在要求，对推动大众创业万众创新、推进制造强国建设、推动经济高质量发展具有重要意义。

为了加强职业技能培训，《国务院关于推行终身职业技能培训制度的意见》（国发〔2018〕11号）、《人力资源社会保障部　教育部　发展改革委　财政部关于印发"十四五"职业技能培训规划的通知》（人社部发〔2021〕102号）提出，要完善多元化评价方式，促进评价结果有机衔接，健全以职业资格评价、职业技能等级认定和专项职业能力考核等为主要内容的技能人才评价制度；要鼓励地方紧密结合乡村振兴、特色产业和非物质文化遗产传承项目等，组织开发专项职业能力考核项目。

专项职业能力是可就业的最小技能单元，劳动者经过培训掌握了专项职业能力后，意味着可以胜任相应岗位的工作。专项职业能力考核是对劳动者是否掌握专项职业能力所做出的客观评价，通过考核的人员可获得专项职业能力证书。

为配合专项职业能力考核工作，在人力资源社会保障部教材办公室指导下，四川省职业技能鉴定指导中心组织有关方面的专家编写了专项职业能力考核培训教材。教材严格按照专项职业能力考核规范编写，内容充分反映了专项职业能力考核规范中的核心知识点与技能点，较好地体现了科学性、适用性、先进性与前瞻性。相关行业和考核培训方面的专家参与了教材的编审工作，保证了教材内容与考核规范、题库的紧密衔接。

专项职业能力考核培训教材突出了适应职业技能培训的特色，不但有助于读者通过考核，而且有助于读者真正掌握相关知识与技能。

本教材由四川西部人力资源开发中心承担具体编写工作。教材在编写过程中得到了成都华禾职业技能培训学校、乐山职业技术学院、成都铁路卫生学校等单位的大力支持与协助，在此表示衷心感谢。

教材编写是一项探索性工作，由于时间紧迫，不足之处在所难免，欢迎各使用单位及读者提出宝贵意见和建议，以便教材修订时补充更正。

目 录

培训任务 1　心理健康指导基础理论
学习单元 1　心理健康指导概述 …………………………………… 3
学习单元 2　经典心理学流派的基本理论和技术 ………… 22
学习单元 3　心理健康指导伦理知识 …………………………… 41

培训任务 2　心理问题的鉴别与指导策略
学习单元 1　心理问题的鉴别 ……………………………………… 49
学习单元 2　人格及其完善指导 …………………………………… 65
学习单元 3　自我意识的完善指导 ………………………………… 72
学习单元 4　和谐人际关系的建构指导 ………………………… 77
学习单元 5　压力管理及调适指导 ………………………………… 85
学习单元 6　情绪管理及调适指导 ………………………………… 91
学习单元 7　心理危机的预防与干预 ……………………………… 98

培训任务 3　心理健康指导实践
学习单元 1　开展心理健康知识宣讲 ……………………………113
学习单元 2　开展不同群体心理健康知识宣讲 ……………… 120

学习单元3　个体心理健康指导的实施 …………………………………… 128
学习单元4　常见严重心理问题的调适指导示例 ……………………… 136

参考文献 ……………………………………………………………………… 147
附录1　心理健康指导专项职业能力考核规范 ……………………………… 149
附录2　心理健康指导专项职业能力培训课程规范 ………………………… 151

培训任务 1

心理健康指导基础理论

学习单元 1

心理健康指导概述

一、心理健康及其维护概述

心理健康对于人的身体健康、人际关系、做事效率、事业成就和生活品质等方面都具有十分重要的影响，因此，了解心理健康知识，懂得科学维护自身的心理健康，预防心理问题和心理疾病的发生，对每个人都十分重要。

1. 心理健康的概念及典型特征

（1）心理健康的概念。2001年世界卫生组织（WHO）对心理健康的定义为：心理健康不仅仅是没有患上心理疾病，更可视为一种幸福状态，在这种状态中，每个人认识到自己的潜力，可以应付正常的生活压力，有效地从事工作，并能对社会做出贡献。

2016年12月，国家卫生计生委等22个部门共同印发的《关于加强心理健康服务的指导意见》（国卫疾控发〔2016〕77号）中，对心理健康做出的定义为"心理健康是人在成长和发展过程中，认知合理、情绪稳定、行为适当、人际和谐、适应变化的一种完好状态"。这一定义，是以认知、情绪、行为、人际关系、适应性5个方面要达到的标准来解释心理健康的内涵。

基于以上定义，从人的心理过程（包括认知、情绪情感和意志过程）、人格和自我意识等角度出发，本教材对心理健康做出定义：心理健康是指一个人的认知、情绪、意志品质、人格结构、自我意识、人际关系和适应能力等心理活动、心理特征和行为处于一种持续稳定的平衡状态，对学习、工作、生活环境和自我内部环境能保持良好的适应性，并能对心理失衡状态做出有效的调节，对自己的生活现状有一种平和满足感。

简单来说，心理健康就是人的心理活动、心理特征和行为处于一种持续稳定的平衡状态，没有情绪的大起大落，没有人格缺陷。

（2）心理健康的典型特征

1）心理和环境的同一性。能与现实保持良好的接触，乐于学习、工作，自我评价客观，有价值感和满足感。

2）认知、情感和意志行为的协调性。思维活动和情绪反应的性质、强度和持续时间，与心理状态和处境协调一致，对情绪和行为可自我调节和控制。

3）人格保持相对稳定。没有需要、动机等心理倾向的偏差和个性、气质的缺陷。

4）社会功能良好。职业功能健全，生活自理能力良好，人际关系融洽，生活和工作有幸福感。

2. 心理健康的标准

本教材认为，心理健康的标准可以分为广义和狭义2类。

（1）广义的心理健康标准。广义的心理健康标准，对各年龄段和各类型人群具有普遍意义，如美国心理学家亚伯拉罕·马斯洛与贝拉·米特尔曼制定的心理健康十条标准。

1）在国内外为数众多的心理健康标准中，马斯洛和米特尔曼提出的心理健康十条标准是获得广泛认同的，具体内容如下。

①有足够的自我安全感。安全感是人的最基本的心理需求。心理健康的人内心具有充分稳定的安全感，没有感到不安全的心理状态发生。

②能充分地了解自己，并能对自己的能力做出适度的评估。心理健康的人具有良好的自我意识，能全面客观地评价自己，既不高估自己，也不看低自己。

③生活理想和目标切合实际。心理健康的人的生活理想和目标切合自己的能力、条件等实际情况，不会不切实际地去攀比、跟风。

④不脱离周围现实环境。心理健康的人能够融入现实环境，不会脱离周围人群而让自己产生疏离孤独感。

⑤能保持人格的完整与和谐。心理健康的人，人格中的需要、动机、能力、兴趣、性格、气质等心理特征和谐统一，没有明显的人格缺陷，且能悦纳自己，善于接受自己的缺陷与不足。

⑥善于从经验中学习。心理健康的人善于从经验中学习，能够在总结经验和吸取

教训中让自己不断成长。

⑦能保持良好的人际关系。心理健康的人具有良好的人际交往能力，善于处理人际关系中的各种矛盾和问题，能让自己与周围人群和谐相处，能很好地调节人际关系冲突和困扰。

⑧能适度地表达和控制自己的情绪。心理健康的人知道，任何情绪的产生都是正常现象，也知道负性情绪必须得到调节和释放，否则会郁结在内心伤害自己，懂得用恰当的方式疏泄和调节自己的负性情绪，以维护自己心理的平衡。

⑨在符合集体要求的前提下，能有限度地发挥个性。心理健康的人能比较充分地展现自己的个性，不会以损害集体和他人的利益为代价去无限制地表现自己。

⑩在不违背社会规范的前提下，能恰当地满足个人的基本需求。心理健康的人能以恰当的方式满足个人欲望与需求，不会为了满足个人需求、获得个人利益而违背社会规范、道德良知，去做损害他人利益的事情。

2）根据本教材对心理健康概念的阐释，本教材提出了针对所有人群的广义的心理健康十条标准，具体内容如下。

①认知功能正常。心理健康的人的感知、注意、记忆、思维、想象等各项认知功能保持在同年龄人群的一般水准，没有认知功能的缺陷或异常现象出现。例如，在一般情况下，老年人的记忆力与年轻人相比有所下降是正常的，只要记忆力保持在老年阶段的一般水平就没有问题。如果老年人忘记了自己的车钥匙放在哪儿不是什么大问题，但如果忘了自己有一辆车，或者出门后找不到回家的路，就可能出现了记忆力方面的问题，应就医检查。

认知功能障碍通常表现为与学习、记忆、思维判断等有关的高级心理过程出现异常，引起严重的感知、记忆、思维等问题，同时可能伴有失语或失用、失认等病理改变过程，会严重影响人的正常社会功能和日常生活。

②情绪适度稳定。情绪适度稳定是指一个人的情绪波动保持在正常的范围内，其正性情绪多于负性情绪。从生理上来看，情绪适度稳定即中枢神经系统活动处于相对平衡状况，中枢神经系统活动的协调性好。情绪适度稳定是一个人心理健康的典型表现。一个人的情绪长期不稳定、情绪波动很大、喜怒无常，就是心理不健康的表现。

随时觉察自己的心理状态，知道自己当下正在经历什么情绪，但不刻意地去压抑它，更不去与它对抗，同时意识到无论是正性情绪还是负性情绪，都是正常心理活动的表现，以冷静平和的心态静观情绪的波动起伏，直到它静静地消失，这就是情绪适度稳定。

③意志品质健全。意志品质在人的个性中占有重要地位，因此，意志品质是否健全也是心理是否健康的重要体现。意志品质健全的个体在有目的的行为中，突出表现

出以下4个良好的意志品质。

a. 意志的自觉性。意志的自觉性表现为有明确的行动目的，意识到行动的价值和意义，并且把这种明确的目的贯穿于行动始终。

b. 意志的果断性。意志的果断性表现为能迅速而合理地做出决定和执行决定，需要立即行动时，能迅速地做出决断，使意志行动顺利进行；而当情况发生新的变化，需要改变行动时，能够随机应变，毫不犹豫地做出新的决定，以便更加有效地执行决定，完成意志行动。

c. 意志的坚持性和坚韧性。意志的坚持性和坚韧性表现为在行动中能坚持决定，在较长时间内毫不松懈地保持身心的紧张状态，在任何情况下，都能百折不挠地克服困难和障碍去实现既定目标。

d. 意志的自控性与自制性。意志的自控性与自制性表现为善于控制和支配自己的行动，在行动中不受干扰，能控制自己的情绪，同时能控制自身不利于达到目的的因素，直至行动最终完成。

④人格完整统一。人格的完整统一是指，人的气质、能力、性格等个性心理特征与理想、信念、动机、兴趣、人生观、价值观等个性倾向性等人格结构的各方面能平衡发展，人格因素在人的整体精神面貌中能够完整、协调、和谐地进行表达；具有完善的自我意识，不会产生自我同一性混乱；具有积极进取精神，所想、所做、所言、所行协调一致，能够比较顺利地融入社会和人群；人格不存在明显的缺陷与偏差。维护心理健康的最重要的目标，就是培养健全和谐的人格，保持人格的完整性、统一性。

人格缺陷是处于人格正常和人格障碍之间的一个中间状态，人格缺陷也可以理解为性格上的缺陷，但是没有达到人格障碍的严重程度。

常见的人格缺陷有自卑、胆怯、孤僻、冷漠、悲观、退缩、偏执、敏感多疑、猜忌、焦虑、抑郁、冲动、暴躁等。人格缺陷是一种人格发展的不良倾向，也是人格的某些特征处于正常状态的边缘或亚健康状态，是人格障碍的前置状态。人格缺陷在正常人身上均有不同程度的体现，严重程度就看其对人的正常工作、学习、人际交往、家庭生活造成负面影响的程度。人格的心理属性的变异（心理疾病）所导致的人格缺陷，是家庭暴力、社会危害的重要源头之一。严重的人格缺陷如不及时予以矫正，很有可能发展为人格障碍。

⑤心理行为吻龄。人的心理和行为是随着年龄的增长而发展变化的，不同年龄段都有其相应的心理和行为特征。心理行为吻龄是指心理和行为表现与同年龄段一般应该发展出的年龄特征相符合，有与这个年龄段相对应的认知能力，处于什么年龄段就会去做与该年龄段相适应的事情。心理和行为严重偏离所处年龄段的特征，明显表现出心理年龄滞后于其生理年龄，一般都是心理不健康的表现。

例如，年龄在14~35岁的青年期个体，其自我意识的发展趋于成熟，开始注重自己将成为怎样的一个人，责任和使命意识已经基本形成，自我评价较为客观，能够反观自我、调控自我、完善自我，具有独立学习、工作的能力，并且能够独立地承担起学习、工作的责任。具有以上心理行为特征的青年就是心理健康的。

⑥人际和谐协调。人际关系是否和谐协调是一个人心理是否健康的重要标志。与人正常交往是人的基本心理需求，和谐协调的人际关系能满足人的这种心理需求，使人产生积极、肯定的自我情绪，这种情绪状态有利于人保持愉快的心境。在和谐协调的人际关系中，每个人都能感受到自己对他人的价值和他人对自己的意义，这对于人的心理健康是很重要的。不少心理问题甚至是严重心理问题的发生，都与恶劣的人际关系密切相关。因此，和谐协调的人际关系既是心理健康的标准，也是获得心理健康的重要途径。

⑦社会适应良好。社会适应良好是指个体对其生活的社会环境中的一切刺激能做出恰当、正常的反应，表现为个体能客观地认识社会环境，能与社会环境保持良好接触，并能有效地应对社会现实中的各种困难和问题，努力实现自己的能力素养与社会现实需要之间的适应。社会适应良好的人在不背离社会道德行为规范、不损害他人和集体利益的前提下，能够较好地实现个人需求，行为和心理活动能为他人所理解和接受；能够与时俱进，顺应社会变革与发展，适应学习、工作中的竞争压力和人际环境，并且能够努力改造现实环境，达到自我成长和实现人生价值的协调统一。

⑧"三观"积极正向。在人的整个生命历程中，人的世界观、人生观和价值观（统称"三观"）随时随地都在影响和支配着人的人生态度、心理和行为，从而也影响着人的心理健康状态。积极正向的"三观"对心理健康具有积极正向的作用，消极的"三观"对人的心理健康具有消极负向的影响。"三观"积极正向是指人的思想、观念、动机、需求等表现出的都是正能量。"三观"积极正向的人，以追求"真、善、美"为理想和目标。一个崇尚"真、善、美"，践行"真、善、美"的人的心理和行为，一定是积极正向、健康阳光的。

消极负向的"三观"，还可能导致一个人无视社会道德和法律的约束，进而做出危害他人和社会的行为，甚至产生犯罪行为。

⑨悦纳真实自我。悦纳真实自我就是愉快地接纳真实的自我，拥有积极的自我体验。心理健康的人具有完善的自我意识，能够感受到自己存在的价值，能全面、客观、恰当地了解、评价和接纳真实的自己，即使自己有缺陷和劣势，也能平和面对，欣然接纳，不会自惭形秽；不会因为自己家庭经济条件差和社会地位低而感到卑微；不会对自己提出苛刻、非分的要求，生活目标和理想切合自己能力和所处的环境条件，对自己的生活和现状有一种平和满足感；能不断改正自己的缺点和弥补自己的劣势，不

断完善和超越自己，让自己更加自信、健康地面对生活。

⑩心理平衡稳定。平衡是自然界运行的重要法则，也是人类社会、社会各类人群和个体运行的重要法则，这些领域内部如果出现了矛盾冲突，内部平衡被破坏，这个领域就会出现问题。同样，人的心理状态是否平衡稳定，也是衡量心理是否健康的一个重要指标。

心理平衡稳定，是指一个人的心理世界处于一种持续稳定的平衡状态，对自己及自己的生活现状具有满足感。这是一个人心理健康最重要、最根本的表现。

1992年，世界卫生组织在《维多利亚宣言》中特别把心理平衡列为保持人的健康的四大基石之一，提出了保持人的健康的四大基石分别是合理膳食、适量运动、戒烟限酒、心理平衡。《维多利亚宣言》强调，人们要保持健康、获得长寿，心理平衡的作用占到了50%以上，心理平衡对身体健康至关重要，谁能保持心理平衡，谁就掌握了健康的"金钥匙"。一个人产生心理问题的根本原因，就是其心理矛盾冲突严重，心理平衡被打破。

（2）狭义的心理健康标准。狭义的心理健康标准，是针对不同年龄段或不同职业人群的心理和行为特点制定的，用于判定属于某个年龄段或某个职业人群的个体的心理是否健康。例如，针对不同年龄段的人群，有小学生心理健康标准、中学生心理健康标准、大学生心理健康标准、老年人心理健康标准等。又如，针对不同职业的人群，有医生心理健康标准、护士心理健康标准、公务员心理健康标准、教师心理健康标准等。用与特定年龄段和特定职业的人群相适应的心理健康标准去评定其心理是否健康，具有更强的针对性、客观性和准确性。

3. 影响心理健康的主要因素

影响心理健康的因素是多方面的。心理健康除与生理健康、认知、个性等因素密切相关外，还受到从人出生到老年所处的生活、学习、工作环境，生命历程中发生的各种矛盾冲突、挫折、困扰、压力和重大危机事件等不同程度的影响。知道了这些影响心理健康的因素，人们就可以有意识地去规避或减少这些因素对心理健康产生的负面影响，从而维护自己的心理健康。

（1）生理因素

1）遗传因素。虽然人的心理主要是在后天环境影响下形成和发展起来的，但是人的心理发展与遗传因素有着相当密切的关系。例如，人的气质、智力、神经活动的特点，甚至情绪表现和性格类型等，都会受到遗传因素的显著影响。研究表明，很多心理疾病的发生，与基因易感性有关。基因易感性，就是在相同的内外部刺激或压力下，有易感基因的人比其他人发病的可能性更大。例如，研究表明，就多动症而言，同卵双生子的同病率高达85.7%，异卵双生子的同病率为33.3%。又如，有三代以内的直系亲属患心理疾病的个体，其出现心理健康问题的可能性会比其他人高几倍甚至十几倍，其原因也是遗传基因的易感性。

2）身体的健康状况。人是身心一体的，心理健康和身体健康是相互影响、相互制约的。心理健康对生理功能和身体健康有着重要影响，身体健康也是影响心理健康的重要因素。身体健康时，人的情绪稳定，当人的身体发生某种重大损伤、残疾或患重大疾病时，就有可能发生心理问题。

（2）心理因素。心理因素对心理健康起着非常重要的作用。

1）社会性和精神需求的满足。社会性和精神需求的满足是心理健康的基本条件。社会交往和自我实现等高层次需求的满足，更是心理健康的重要条件。如果需求得不到充分的满足，就可能导致动机缺乏、情绪失调、反应异常、性格偏差等心理问题。

2）认知因素。人的感知、注意、思维、想象等认知因素发展不正常，或某几种认知因素之间关系失调，就会产生认知矛盾冲突，导致紧张、烦躁、焦虑和抑郁等负性情绪发生，从而影响人的心理健康。

3）个性特征。作为人的心理活动的核心因素的性格、气质、能力、需求、动机等个性特征，在心理活动中对人的心理健康的影响极大。这些个性特征让不同个体在相同的环境中表现出各自不同的稳定而持久的行为模式。个性决定着一个人与他人相处的认知、态度、方式等心理和行为，制约着其人际关系，而人际关系对人的心理健康的影响极大。面对同一刺激，不同个性特征的人会产生不同的反应，有的人觉得无所畏惧，随遇而安；有的人则觉得大难临头，甚至精神崩溃。可以说心理疾病的发生无一不与不良的个性有关。研究表明，抑郁症的发生与人自卑、自责、多愁善感的抑郁个性有关，强迫症的发生大多与过于执着、自尊心极强、苛求和苛责自己、不容许自己出错的追求完美的个性相关。

4）情绪。情绪与心理健康的关系也非常密切。俗话说："笑一笑，十年少；愁一愁，白了头。"心胸开阔、豁达、乐观等正性情绪对心理健康有益；忧愁、烦恼、抑郁、焦虑等负性情绪有损心理健康，易导致心理疾病。

5）压力和应激。压力和应激对心理健康的影响很大。遭遇自然灾害、经济负担过重、学业或工作负担太重、发生婚姻变故、丧亲、患重大疾病等引发的压力或应激，都有可能导致个体出现各种心理问题，甚至患上抑郁症、恐怖症、创伤后应激障碍（PTSD）等心理疾病。

（3）环境因素

1）自然环境。自然环境对于人们的心理健康也会产生重要影响。研究发现，良好的自然环境对心理健康有积极作用，可以降低压力带来的风险，心理疾病的发生率也相对更低。世界不同国家的研究一致显示，居住在绿化更好的区域的城市个体，感受到的压力更低，心理健康水平更高，幸福感也更强。心理疾病的发生与季节的关系很大，如春季是心理疾病的高发季节，而"冬季抑郁"在光照少的秋冬季节易反复发作，而在春夏季节症状缓解，"冬季抑郁"患者到光照比较强的地方居住，症状就会得到缓解。

2）成长和生活环境。成长和生活环境对健康人格的形成有着决定性的影响。个体的成长和生活环境，不仅直接影响其心理过程和人格的形成，而且直接影响其形成怎样的"三观"和为人处世的方式等心理和行为，从而影响个体的心理健康。

①家庭环境是影响个体人格形成和心理健康的重要因素。研究表明，父母的婚姻关系是否和谐、是不是单亲家庭、是不是重组家庭、是独生子女家庭还是多子女家庭，对孩子的人格、心理健康都有着不同的影响。婚姻质量不仅对夫妻双方的心理健康有影响，也会对孩子的心理健康产生影响。父母所持的教育观念、对孩子所持的态度和期望，以及对孩子的教养方式，对孩子的人生观、价值观、人格、行为特征和心理健康的影响，可以说是决定性的。例如，在父母的溺爱、娇惯中长大的孩子，很有可能形成自私、任性、固执、骄横、以自我为中心、没有同情心、心理脆弱、缺乏人际交往能力等人格偏差或障碍，这样的孩子会面临不少学习、工作和社会生活中的人际关系问题。又如，如果父母在学业、工作成就等方面对孩子的期望过高，就可能导致孩子面临过重的学习或工作负担带来的巨大压力，陷入倦怠状态之中，身心健康受损，最终可能患上抑郁症、焦虑症等心理疾病，甚至导致自杀的悲剧。

家庭经济情况也可能成为影响家庭成员尤其是孩子的心理健康的重要因素。如果一个孩子生活在经济条件较差的家庭，孩子的认知又出现了偏差，孩子就有可能产生自卑心理。

②学校环境对个体心理健康的影响也不容忽视。学校环境对人的心理健康的影响，主要表现在学校的办学理念和方向、学校的校风、教师的教风、班级的班风、学校的心理氛围是否利于对学生健康心理素质的培养。

大量实践研究证明，具有良好的师生关系和同伴关系的学生，必然在学校中充满归属感和安全感，心理也会得到健康发展。相反，如果教师，尤其是班主任缺乏正确的教育理念，没有遵循学生的生理、心理特点进行科学的教育管理，采用简单粗暴、违背科学教育规律的方式教育管理学生，则会导致师生关系紧张，让学生产生逆反、敌对、自卑、抑郁、焦虑、恐惧等心理问题。

如果学校管理不善、校风班风不正、学生群体中不正之风盛行，如存在霸凌等现象，则会导致学生在学校没有安全感，被霸凌的学生更会产生难以愈合的精神创伤。

如果学校的办学方向和教师的教学理念不正确，采用损害学生心理健康的教学方式、手段，片面地追求升学率，就会让学生面临过重的学业负担，导致学生背负过大的压力，疲惫不堪，出现过度紧张、焦虑、抑郁等心理问题。

③社会环境潜移默化地影响个体的心理健康。社会环境对人的心理健康的影响，主要有以下几个方面。

不同的政治和经济地位往往会对人们的价值观、心理需求、人际交往和生活态度等产生重要影响。社会竞争不断加剧，收入差距拉大，失业、离异等不稳定因素增多，养育子女的成本不断增高，生活压力不断增大等，造成人们心理压力增大，挫折感增强，心理困扰严重，人与人之间信任感、安全感水平下降，加重了人们的失落感和忧虑感，导致人们心理失衡和恶劣情绪的产生。

对人的心理发展和心理健康具有直接影响的，是文化环境。美国心理学家卡伦·霍妮强调，人们的情感和心态取决于其所处的文化环境，社会文化是心理是否健康的根源。如果没有详细了解某一特定文化对个体的影响，就不可能理解个体的心理状况。社会文化转型，人们的价值观、社会态度、道德意识等心理因素也随之发生相应的变化，给传统社会条件下的思维方式、道德标准及人际关系规则带来巨大的冲击。

社会风气与人的关系就像自然气候与植物的关系一样，社会风气通过家庭、同伴、传媒等途径影响着人们的价值观、人生追求、生活方式和心理健康。拜金主义、功利主义、享乐主义、个人主义等不良社会风气，会让人们的人生观和价值观扭曲、利他和服务精神缺乏、社会公德心丧失，导致人与人之间缺乏友爱与关怀，情感淡漠。

大众传媒对社会公众的心理影响非常巨大。媒体的报道方式常常牵动着社会大众的情绪，报道者的观点也常常影响人们的价值观念。例如，广告中对于女性苗条身材的推崇，导致女性更容易对自己的身材感到不满，更易出现低自尊、抑郁、焦虑、进食障碍等问题。

4. 维护心理健康的方法

对于身体疾病，中医经典《黄帝内经》中提出了"上医治未病、中医治欲病、下医治已病"的理论，意思是预防重于治疗。心理健康与身体健康一样，重在平时的自我维护和保健。对于心理问题和心理疾病，也应该树立预防重于治疗的观念，预防心理问题和心理疾病的发生，把心理问题解决在萌芽阶段，避免心理问题发展成心理疾病。

（1）树立科学、健康的"三观"

1）"三观"是世界观、人生观与价值观的统称

①世界观。世界观，也称宇宙观。世界观是人们对整个世界的总的看法和根本观点。它包括自然观、社会观、历史观等。人们认识世界和改造世界所持的态度和采用

的方法，最终是由世界观决定的。健康的世界观可以为人们认识世界和改造世界的活动提供正确的方法。

②人生观。人生观就是人们对人生目的、人生价值的根本看法。人生观要回答的问题是人究竟为什么活着，人生的意义和价值是什么，人应当怎样度过自己的一生等。人生观的内容包括幸福观、苦乐观、荣辱观、恋爱观、友谊观、生死观等。人生观指导着人们的人生态度和生活方向，影响着人们的道德品质和道德行为，决定了人们一生的价值目标和生活道路。

③价值观。价值观是人们对各种事物和现象的价值进行认识和评价时所持的基本观点。价值观一方面表现为价值取向、价值追求，凝结为一定的价值目标；另一方面表现为价值尺度和准则，成为人们判断事物有无价值及价值大小的评价标准。个人的价值观一旦确立，便具有相对稳定性。价值观是决定人的心理和行为的基础和前提，对人的心理和行为的定向和调节起着非常重要的作用。价值观直接影响和决定一个人的理想、信念、生活目标和追求方向的性质，同时影响着人的人生态度和生活方式。

2）树立科学、健康的"三观"的重要性。从有认知能力开始，人的"三观"（尤其是人生观、价值观）无一不在随时支配和制约着人看待世界、看待社会、看待人生及看待所接触的人和事物的方式，从而直接影响着人的心理、情绪、情感、态度和行为。一个"三观"健康、端正的人，看待世界、社会、人等外界事物的态度是积极的、美好的，其心理状态就会是愉悦的，对其心理健康有着正面的影响。如果一个人的"三观"不正，那么他看世界、看社会、看人的态度就是负面的，对他的心理健康的影响必然是负面的。"三观"把握着人们心理发展的方向，是心理健康发展的航标，是心理健康的基石。因此，要使人的心理健康发展，最根本的就是要树立科学、健康的"三观"。

3）树立科学、健康的"三观"的指导建议

①天人合一，身心和谐。"天人相应""形神合一"是中医心理学的基本思想。中医心理学认为，保持人与自然、人与周围环境和人际的和谐，以及维持人的形神（身心）的和谐，是保证身心健康的关键。

人不仅是一个生物的人，更是一个自然的人、社会的人。人不能脱离自然和社会环境独立存在，自然和社会环境的种种变化必然会影响人的生理、心理变化。人要维护身心健康，就必须处理好人与自然及社会环境的关系，保持身心的和谐。

②用正向的眼光看世界，拥有阳光心态。"吸引力法则"认为，人就是自己思想和观念的产物，你想什么，就会关注什么，什么就会在你的身上出现。凡事往好处看，往好处想，吸收的就是正能量，内心就充满阳光。总是看到人、事、物和社会的阴暗面，总是往坏处想的人，内心就会充满阴霾，以致总是生活在心理冲突、负性情绪之中。

③祸福无常,看淡生死。生死观也是一种价值观。把生死看得太重,也会导致生活得不快乐、不幸福。

生、老、病、死是自然界的常态,活着就难免会面临痛苦,每个人都逃脱不了衰老和离世,生病也是人生常态。

人从出生那天开始,就在走向死亡,死亡人人都要面对,这是任何人都不可改变的。对于不可改变的东西,担忧、恐惧不但没用,反而增加了自己无谓的烦恼和痛苦。坦然地接受自己遭遇的一切,才是维护自己内心平衡、让自己生活得更快乐和幸福之道。看淡生死,可以减少无谓的烦恼。

④人生目标适度,生活目标适可。人生目标和生活目标都是受人生观和价值观支配而确定的。人生目标、生活目标过高,会让自己一直处于力不从心、疲于奔命、疲惫不堪的状态,有损自己的身心健康。

⑤具有善良之心,与人为善。善良是人性的核心,也是人的美好价值观的体现。与人为善,矛盾纠纷就少,就能远离烦恼。

⑥随遇而安,看淡名利得失。如何看待名利、得失,是个体价值观的直接表现。在名利、地位面前,该争取的积极争取,得到了是我的幸运;争取不到、得不到的不强求。有这种心态,就不会被名利、地位的得失束缚和困扰。

(2)树立积极的人生态度

1)人生态度的定义。人生态度,是指人们通过生活实践形成的对待人生的一种稳定的心理倾向和基本意愿。

人生态度主要反映人们对社会生活所持的总体意向,对人生所具有的持续性信念,以及对各种人生境遇做出反应的方式。人生态度是人生观最直接的表现,它要回答"人究竟应该怎样活着"的问题。

2)人生态度与心理健康。树立积极的人生态度,是心理健康自我维护的重要内容。

积极的人生态度表现在追求有价值的生活目标,活出生命的价值。积极的人生态度让人对生活抱开放态度,乐于吸取新经验,会以积极的眼光看待周围事物、他人和自己;具有利他精神,在帮助别人的过程中增强自我价值感;具有敬业精神,在忘我工作的过程中使个人精神有所寄托。一个人具有豁达的心态,能提得起放得下,负累和烦恼就很难"接近"他。如果一个人时时抱着"占有"的想法,急于得到结果,就会不堪生活重负,并因自己占有的不够多而产生挫折感。总之,要维护个人的身心健康,就要树立积极的、开放的、现实的、辩证的、通达的人生态度。

3)树立积极的人生态度的指导建议。具有积极的人生态度,人生就会充满生气和活力;保持积极的人生态度,内心就会一直充满阳光和正能量,不仅能维护心理健康,

而且会让人感到快乐，充满幸福感。

①做人做事问心无愧，努力了即可，不要追求完美。一个做事追求完美的人，会给自己增加无谓的负担和心理压力，会让负累、烦恼和痛苦与自己相随。一个希望和要求别人完美的人，不仅给别人造成负担，也给自己造成负担。追求完美，也是产生焦虑症、强迫症、抑郁症等心理疾病的原因之一。做人做事，只要尽责尽力、问心无愧就好。

②改变能够改变的，接受和适应不能改变的。很多事情的发生不以个人的意志为转移。面对不能改变的人和事，应以平和的心态去接受、去适应，避免让自己陷入烦恼。

③不悔过去，不虑将来，活在当下。过去不可复返，再怎么悔恨都是枉然；将来还是未知，无法预料，再怎么忧虑也无济于事；只有当下，才是实实在在能把握住的。人的不少烦恼，都产生于对过往的懊悔；人的不少焦虑，都来自对未来的过分担忧。懊悔过去和担忧未来不仅没用，还让自己的内心不得安宁，严重影响自己的正常生活。不悔过去，不虑将来，把握现在，活在当下，才是有意义、利于心理健康的。把握住今天，才会有好的明天。活在当下，努力把每天该做的事情做好，才是让自己活得充实而有价值的明智之举。

（3）学会压力管理。每个人人生的不同阶段都会面临不同的压力，而压力不仅直接作用于人们的身体，更影响着人们的心理。过大的压力是产生各种负性情绪的重要原因，而负性情绪对身心健康的危害是巨大的，说"过大的压力是万病之源"一点也不为过。因此，学会压力管理，科学地调节过大压力非常重要。教材后续的章节中将系统性地介绍压力管理及调适的相关内容。

（4）学会情绪管理。情绪一刻不离地伴随着每个人，对人的身心健康影响极大。不同的情绪状态会给心理健康带来不同的影响，因此学会情绪管理和调节负性情绪，对心理健康的维护至关重要。教材后续的章节中将系统性地介绍情绪管理及调适的相关内容。

（5）建立和谐的人际关系。与压力、情绪一样，人际关系对人的心理健康的影响同样巨大。可以说大多数心理问题乃至心理疾病的发生，都与人际关系中的矛盾产生的心理压力和内心冲突有关。因此，建立和保持和谐的人际关系，对心理健康的维护至关重要。教材后续章节中将系统性地介绍建立和谐人际关系的相关内容。

（6）形成健康的生活方式

1）健康生活方式的定义。生活方式，是指个体在一定的生活环境和价值观念影响下形成的习惯化了的生活特点和行为模式。

不健康的生活方式是指对人的身心健康有害的生活方式，例如抽烟、酗酒等。健康的生活方式即有益于身心健康的生活方式。世界卫生组织倡导的以维护健康的四大基石（合理膳食、适量运动、戒烟限酒、心理平衡）为指导的生活方式，就是健康的生活方式。

2）生活方式对心理健康的影响。生活方式对人的身心健康具有重要的影响。如果一个人选择了消极的、颓废的生活方式，就容易导致身心失衡，产生各种身体疾病和心理疾病。

有关专家经过多年的监测和分析发现，现代人类所患疾病中的45%以上与生活方式有关，而死亡的因素中有60%是不良的生活方式造成的。常见的由不良生活方式导致的疾病有高血压、冠心病、糖尿病等。这些疾病依靠现代医疗技术目前还难以治愈，严重危害着人们的身心健康、生活质量和生命。

研究证明，健康的生活方式可以预防不少疾病的发生，能够维护和改善心理健康，对于治疗各种心理疾病、提升个体幸福感、保持及优化个体的认知和神经功能等有极大的作用。《心理健康蓝皮书：中国国民心理健康发展报告（2019—2020）》提出，为促进和维护广大民众的身体健康，应注重倡导健康生活方式，"各类新闻媒体和群团组织也应倡导工作 – 家庭平衡、维护家庭和谐，这也有利于相应人群的心理健康维护"。

3）形成健康生活方式的指导建议。形成健康的生活方式，要从日常生活点滴做起，改变吸烟、酗酒、熬夜、沉溺网络等不良的生活习惯，养成有规律的作息，合理安排膳食结构，注意劳逸结合，增加户外活动，善于释放和消解负性情绪，树立积极的人生观和平和的心态。

①保持平和心态，维护心理平衡，不大喜大悲。这是健康的四大基石中"心理平衡"的内容。凡事都要看得开，想得开，提得起，放得下，不要过于执着于某一件事。遇事不大喜大悲，保持平常心就好。对于突发的情况，应保持沉着冷静，积极应对。

②有自己的朋友圈。有了自己的朋友圈，就可以和朋友多交流，增长见识，增添生活乐趣，让生活更加充实，心情更加愉悦，有利于避免孤独等心理问题的发生。

③培养自己的兴趣爱好。每个人的兴趣爱好有所不同，但是有一个共同点，就是能通过兴趣爱好充实地度过闲暇时间，放松身心，获得快乐，提升生活品质。

④合理安排作息时间。合理的作息是生活有规律，早睡早起，不熬夜，有充足的睡眠。睡眠不足、睡眠质量不好、睡眠过度容易使人感到疲惫、浑身无力，对身心健康都是不利的。合理地安排作息时间，有助于让自己每天精力充沛地投入学习、工作和生活中。

⑤安排时间外出旅游。旅游可以让我们欣赏不一样的美景，体验不一样的生活，品尝不同的美味，接触不一样的人和事，让眼界更加开阔，心情更加愉悦，身心更加健康。

（7）培养健康的情趣

1）情趣的定义。情趣，是指性情志趣、情调趣味。

2）情趣对心理健康的影响。情趣有高雅、低俗之分。高雅情趣是健康、科学、文明、向上的情趣，体现出一个人对美好生活的追求，能够使人形成积极乐观的生活态度，产生积极的情绪，维护心理健康。

低俗情趣是鄙俗、不高尚的喜好，会使人经受不住不良诱惑，贪图安逸享乐，不思进取，精神颓废，不利于身心健康，并且有可能让人走向犯罪。

3）培养利于心理健康的情趣。随着物质和文化生活条件的不断改善，以及社会文化娱乐事业的发展，人们的审美情趣在提高，娱乐方式在不断增多。阅读、写作、绘画、下棋、摄影、舞蹈、垂钓、集邮、健身、收藏、旅游、做公益等富有高雅情趣的文化娱乐活动，为生活增添了无穷乐趣，让情操得到陶冶，心灵获得愉悦，利于心理健康。

（8）坚持体育运动。坚持科学适度的体育运动对身体健康的维护和促进作用，早已为人们所知晓。而坚持科学适度的体育运动对维护心理健康也有良好的作用。研究表明，坚持科学适度的体育运动，不仅对大脑的保健、心理健康的维护作用重大，而且对治疗抑郁症等心理疾病也能起到很好的效果。研究表明，严重抑郁症患者每天花 30 min 跑步（慢跑），持续 10 天后，抑郁症状明显减轻。

瑜伽、快走、慢跑、滑冰、游泳、骑自行车、打太极拳、做韵律操等有氧运动能充分燃烧（氧化）体内的糖分，还可消耗脂肪，增强和改善心肺功能，预防骨质疏松，调节心理和精神状态，是健身、健心的良好运动方式。有氧运动的特点是强度低，有节奏，持续时间较长。每次运动时间应不少于 30 min，每周运动 3~5 次。

（9）学会自我心理调节。如果有了烦恼、郁闷、痛苦等负性情绪，能够找到适当的方式进行及时的自我调节，就能够避免长期被负性情绪所困扰，利于预防心理疾病的发生。因此，学会一些自我心理调节的方法，也是维护自身心理健康所必要的。

自我心理调节的常用方法有改变认知法、转移注意法、适度宣泄法、音乐欣赏法、读书阅读法、找人倾诉法、正念冥想法等。

二、心理健康指导概述

1. 心理健康指导的定义

心理健康指导有广义和狭义之分。

广义的心理健康指导是指心理健康指导专业人员以提高大众心理素质、提高大众心理健康水平、预防大众心理问题和心理疾病的发生为目的，对大众开展的心理健康普及教育活动。

狭义的心理健康指导是指心理健康指导专业人员遵循心理学原则，运用心理学的理论和技术，借助语言、文字等媒介开展的，与被指导者建立良好的人际关系，与被指导者进行信息交流，指导被指导者解决学习、工作和生活中的心理困扰和问题，维护和增进被指导者的身心健康，指导被指导者正确认识自我及社会，发挥自我潜能，有效地适应社会环境和工作、学习、生活，促进被指导者自我成长的心理健康辅导活动。这一心理健康指导的定义有以下几个方面的含义。

（1）心理健康指导是一个过程。心理健康指导是心理健康指导专业人员与被指导者进行信息交流的过程。

（2）心理健康指导以心理学理论为指导。在心理健康指导过程中，心理健康指导专业人员必须以心理学理论为指导，运用一定的指导技术开展工作。

（3）心理健康指导以良好的指导关系为前提。有效的心理健康指导必须以心理健康指导专业人员与被指导者建立良好的指导关系为前提。

（4）心理健康指导以语言交流为媒介。心理健康指导通过面对面晤谈、网络沟通、书信往来、电话交流等形式，借助语言、文字进行。

（5）心理健康指导以解决被指导者的心理困扰、促进被指导者成长为目标。心理健康指导以减少、消除被指导者在日常学习、工作和生活中遇到的心理困扰和问题，维护其身心健康，发挥其心理潜能，促进其自我成长，使其能够良好地适应社会环境和生活为目标。

2. 心理健康指导的意义

心理健康指导运用心理学等学科的理论和方法解决个体、群体的各种心理问题，提升社会大众的心理健康水平与幸福感，培育良好的社会心态，推动社会治理现代化，实现社会的安定、和谐与进步。

随着社会的不断进步和发展，我国大众的物质生活越来越丰富，但是，越来越快的生活节奏和社会竞争带来的压力，也让大众的心理问题和心理疾病的发生日渐增多，由个人极端情绪引发的恶性事件时有发生，严重影响到人们之间的关系与社会的安定。心理健康指导作为社会治理的一种手段，能够维护大众心理健康、提高大众心理健康水平、维护人与人之间的和谐关系、提升大众的生活幸福感、促进社会和谐稳定，对实现国家长治久安和实现中华民族伟大复兴的中国梦意义重大。

3. 心理健康指导的任务

心理健康指导专业人员要依托社区开展心理健康教育和心理健康指导服务，承担以下几个方面的主要任务。

（1）有针对性地开展心理健康普及教育活动。心理健康指导专业人员应根据社会不同人群的心理特点和需求，开展有针对性的心理健康普及教育活动，培育社会大众自尊自信、理性平和、积极向上的社会心态，提升社会大众的心理素质，提升社会大众的心理健康水平，增强社会大众的社会认同感、归属感和幸福感，预防严重心理问题和心理疾病的发生。此项工作是心理健康指导最重要的任务。

（2）提供心理问题的指导服务。心理健康指导专业人员应为社会大众在社会适应和个人发展中产生的心理问题提供指导性服务，帮助其更好地处理学习、工作、恋爱、婚姻、家庭、就业等方面面临的各种问题，缓解和消除过大心理压力，促进其人格的健全和完善，更好地适应工作、学习、生活，实现自我成长。此项工作也是心理健康指导的重要任务。

（3）开展对患有心理疾病的个体的相关心理服务。心理健康指导专业人员应为患有心理疾病的个体的治疗提供咨询和建议，对康复中的患有心理疾病的个体开展心理辅导。

（4）提供社区心理援助服务。心理健康指导专业人员应对社会大众发生的心理危机提供必要的干预，配合心理危机专家做好心理危机事件的处理和个体的心理危机干预。

（5）为社会大众提供与各类心理服务相关的社区文化活动。

4. 心理健康指导的原则

心理健康指导工作必须遵循一定的原则，使指导工作尽可能少出现偏差。

（1）预防为主原则。预防为主是心理健康指导最根本的原则。心理健康指导专业人员应全面普及和传播心理健康知识，加强人文关怀和生命教育，强化社会大众心理健康自我维护和管理的观念和意识，教给社会大众自我心理调节的方法，预防和减少心理问题和心理疾病的发生，提升社会大众的心理素质和心理健康水平。

（2）科学性原则。心理健康指导专业人员要根据人的生理、心理发展特点和规律，运用心理学的理论与技术，科学地开展心理健康指导工作，以实现有效指导的目标。

（3）专业伦理原则。在心理健康指导工作中，心理健康指导专业人员只有自始至终都以心理健康指导的专业伦理作为指导行为的依据和准则，才能避免在指导活动中出现偏差和错误，避免对被指导者造成伤害，同时保护好自己。

（4）助人自助原则。心理健康指导是帮助被指导者学会自己解决问题，而非代替被指导者解决问题，要通过心理健康指导过程促进被指导者的自我成长。

（5）价值态度中立[①]原则。在心理健康指导过程中，对被指导者的价值观应采取中立态度，要尽量避免心理健康指导专业人员的主观因素对被指导者造成负面影响，尤其要避免心理健康指导专业人员用自己的错误价值观误导被指导者。

（6）平等尊重原则。心理健康指导专业人员对被指导者抱有平等、尊重、热情、耐心的态度，是建立相互信任的指导关系的基础和前提条件，否则，要开展有效的心理健康指导便是一句空话。

（7）专业限定原则。心理健康指导专业人员应在《中华人民共和国精神卫生法》等法律法规许可范围内及自己的能力范围内开展心理健康指导工作，如实介绍自己的专业身份，知道自己的专业和能力的局限性，不夸大心理健康指导的作用，不接待不属于自己服务范围的对象，对自己无能力服务或不属于自己服务范围的对象，应采用恰当的方式向其说明，并及时转介。

三、心理健康指导专业人员的基本素养

1. 具备得体的职业形象素养

美国心理学家和传播学家艾伯特·梅拉比安提出了人际沟通的"55387定律"。这一定律的内容是，人际沟通中一个人给他人留下的印象55%取决于其外表、穿着、仪容、沟通态度，38%取决于其讲话的语气、语调、肢体语言等，7%取决于其说话的内容。可以看出，得体的职业形象对良好的人际沟通起到很大的作用。如果心理健康指导专业人员具备得体的职业形象，能给被指导者带来积极、舒服、具有亲和力和安全感的第一印象，就能为建立良好的指导关系提供条件。

目光慈祥友善，态度热情真诚，表情真切和蔼，坐姿放松但保持距离，动作大方得体等都可给被指导者带来良好印象。

在指导过程中对被指导者表现出积极关注和无条件接纳、包容，保持价值态度中立，给予循循善诱的指导，表现出认真负责的态度等，也能对巩固和维持良好的指导关系起到很好的作用。

2. 具备正确的职业基本素养

（1）确立正向、积极的"三观"。心理健康指导专业人员不可避免地会带着自己的

---

① 在心理咨询相关著作中，较多的提法是"价值中立"，这一提法容易导致人们的误读。因为心理咨询师或心理健康指导专业人员是避免不了带着自己的价值观去实施咨询或指导活动的，价值观无法中立。

"三观"开展心理健康指导活动,为了避免对被指导者产生不良影响,要求心理健康指导专业人员必须具备正向、积极的"三观"。另外,人的心理问题的发生,不少都与负向、消极的"三观"和认知有关。因此,只有心理健康指导专业人员具备了正向、积极的"三观",才能给予被指导者正向、积极的影响,使其负向、消极的"三观"得到改变,从而利于心理问题的解决。

(2)热爱心理健康指导工作。心理健康指导专业人员应热爱自己的事业。只有对心理健康指导工作具有高度的热情,具有事业心和爱心,乐于为大众开展心理健康服务、助力被指导者成长,才能真正实现心理健康指导工作帮助被指导者有效解决心理问题、帮助其成长的目标。

(3)具有良好的职业道德和伦理素养。心理健康指导专业人员应具有良好的道德品行和职业操守,严格遵守心理健康指导专业伦理,不利用工作之便损害被指导者权益,不利用心理健康指导专业人员身份获取被指导者的礼物或向被指导者索要财物。

(4)知识面广,有较深的文化底蕴、较丰富的人生阅历。心理健康指导专业人员担任的社会角色,是社会大众身心健康的维护者和灵魂的塑造者。这就要求心理健康指导专业人员应具有广阔的知识面、深厚的文化底蕴、丰富的人生阅历,能让被指导者通过指导获得更多的正向影响,从心理健康指导专业人员身上学到更多对自己有用的东西。

3. 具备良好的心理素养

心理健康指导专业人员是心理健康的影响者和维护者,这就要求心理健康指导专业人员必须是一个具有健全人格、良好品质,心理健康素质良好,热爱生活,情绪稳定,"三观"健康,生活态度端正和适应能力良好的人。

4. 具备扎实的心理健康指导专业素养

(1)具备扎实的理论知识和专业技能。心理健康指导专业人员应具备一定的基础心理学、发展心理学、健康心理学、咨询心理学、变态心理学、心理健康评估等方面的知识和技能,具备一定的助人能力和技巧;能根据不同人群的需求开展有针对性的心理健康教育、家庭教育等方面的讲座,能有效开展个体心理健康指导;具备一定的危机干预知识和能力,能够及时提供必要的心理应急和心理危机干预、指导和处理等服务,树立必要时求助本地的心理咨询与治疗专家或接受督导的意识。

(2)具有爱心和共情能力。心理健康指导专业人员应始终关注被指导者心理问题的解决和自我成长,能够理解、尊重被指导者,真诚、耐心地对待被指导者,接纳被指导者身上一切正面和负面的东西,对陷入心理困扰的被指导者有同情心、同理心,能够通过共情进入被指导者的内心世界，让被指导者具有安全感、信任感。

（3）具有良好的人际沟通能力。态度和蔼，具有共情能力和亲和力，能建立和保持与被指导者间良好的指导关系，能与被指导者进行良好的沟通交流，以保证指导工作的顺利进行。

（4）具有良好的倾听能力和语言表达能力。心理健康指导专业人员必须具备良好的倾听能力，不仅能专注倾听被指导者表达的信息，还能听出被指导者语言背后的想法，捕捉到有用的信息，抓住切入被指导者内心的关键点；必须具备准确流畅的语言表述能力，能够明确、简洁地表述自己的思想，语言富有启发性和感染力，能够清晰地表达对被指导者叙述的理解，并对被指导者做出精准、简洁的回应。

（5）具有适当的自护意识。心理健康的个案指导，面对的是具有不同程度心理问题的人，主要吸收和处理的也是负性情绪。因此，要求心理健康指导专业人员要有比较强大的心理能量和较强的自我心理调节能力，尽量减少和避免被指导者的负性情绪对自己的影响，对被指导者的负性情绪能做到"哪里来哪里丢"，以避免负性情绪的长期积累对自己的心理造成严重伤害。

学习单元 2

经典心理学流派的基本理论和技术

经典心理学流派的理论和技术，是心理健康指导专业人员开展心理健康指导活动的理论指导和操作工具。因此，掌握一定的经典心理学流派的理论和技术，也是心理健康指导专业人员顺利、有效地开展工作的必备条件。

一、精神分析的基本理论和技术

奥地利心理学家、精神分析学派创始人西格蒙德·弗洛伊德开创了无意识研究的新领域，促进了动力心理学、人格心理学和变态心理学的发展，奠定了现代医学模式的新基础，为20世纪西方人文学科提供了重要的理论支柱。弗洛伊德把精神分析作为通向人的无意识心理状态的一种途径，让心理治疗者用以指导和治疗患者的心理疾病。

1. 精神分析的基本理论

精神分析理论分为弗洛伊德精神分析理论和新精神分析理论。本教材主要介绍弗洛伊德精神分析理论。弗洛伊德精神分析理论是最经典的精神分析理论，主要包括无意识理论、本能理论、释梦学说、人格理论、心理防御机制等重要经典内容，这些理论有机地联系在一起，自成一体。弗洛伊德精神分析理论从创立以来，一直保持着在心理学领域不可撼动的地位和广泛的影响，是心理学领域重要的理论依据。

（1）无意识理论。无意识也称潜意识，无意识理论是弗洛伊德精神分析理论最基础、最核心的部分。正如弗洛伊德所说，精神分析理论"是一种关于无意识心理过程的科学"。因为无意识理论可以让不少心理现象得到合理的解释，所以现代心理学的议题可以说无一不涉及无意识理论。

弗洛伊德认为，人的心理包括前意识、无意识和意识3种现象。

1）前意识。前意识又称下意识，是调节意识和无意识的中介机制。前意识是一种可以被回忆起来的、能被召唤到意识层面的无意识，因此，它既联系着意识，又联系着无意识，使无意识向意识转化成为可能。前意识的作用更体现在阻止无意识进入意识，它扮演着"稽查者"的角色，绝大部分充满本能冲动的无意识被它控制，不能变成前意识，更不能进入意识层面。当前意识放松警惕时，无意识有时就会通过伪装渗入到意识中来。

2）无意识。无意识是指在意识和前意识之下受到压抑的、没有被意识到的心理活动，代表着人类最深层、最隐秘、最原始、最根本的心理能量。无意识是人的心理结构最初级、最简单、最低级、最基本的因素。因此，无意识具有原始性、冲动性、非逻辑性、非时间性、非道德性等特点。

无意识是人格能量的蓄水池，是人类一切行为的内驱力，它包括人的原始冲动和各种本能（主要是性本能），以及同本能有关的各种欲望。由于无意识具有原始性、动物性和野蛮性，不见容于社会理性，因此被压抑在意识阈下，但并未被消灭。它无时不在暗中活动，让个体直接或间接地满足本能欲望。无意识从让人意识不到的深层支配着人的心理和行为，成为人的一切动机和意图的源泉。弗洛伊德认为，无意识就是人类生物性本能能量的仓库，是人类一切活动的总能量的源泉，无意识服从于快乐原则。

3）意识。意识即自觉，凡是人能察觉的心理活动就是意识，它处于人的心理结构的表层，是大脑感知到外界现实环境和刺激而产生的稍纵即逝的心理现象，是用语言来反映和概括事物的理性内容。弗洛伊德反对把意识和心理等同起来，认为意识只是心理活动的表面部分，是人的心理活动中比较小而非主要的部分。意识服从于现实原则，调节着进入意识的各种印象，压抑着心理中那些原始的本能冲动和欲望。无意识很难或根本不能进入意识，前意识则可能进入意识，因此从前意识到意识尽管有界限，但没有不可逾越的鸿沟。

（2）人格理论。弗洛伊德的精神分析理论建立了心理学史上第一个系统的人格理论，包括人格结构理论和人格发展理论2个方面。

1）人格结构理论。弗洛伊德依据他的无意识理论提出了人格结构理论，认为人格是由本我、自我和超我3部分组成的。弗洛伊德的人格结构理论，可以解释不少心理问题的发生机制。

①本我。本我是指本能的"我"。本我是一种使本能需求得到满足的冲动，完全不顾外在力量的制约，但是它需要自我的保护才能免受伤害。弗洛伊德认为，本我是一种混沌状态，是一腔沸腾的激情，它完全不懂什么是善恶，什么是道德，因此快乐原则支配着本我的所有活动。本我是在与躯体直接接触中产生的，从躯体活动过程中接受种种本能需求，并使这些需求在心理上表现出来。

②自我。自我是指现实的"我"。自我接受外界刺激，承担了复现外在世界及保护本我的双重任务。自我以现实原则为活动准则。简单地说，自我代表理智和审慎，而本我代表尚未被驯服的本能愿望。

③超我。超我是指道德的"我"。超我是人格的最高层次，也是人格中最文明的部分。超我的主要功能就是遵循道德原则，用良心和犯罪感等去指导和约束自我，通过自我限制本我的冲动。

弗洛伊德认为自我是虚弱无力的，它的任务常常难以完成，它必须同时为外部世界、超我和本我3个严厉的、专断的"主人"服务，尽力调和3个"主人"的要求，但这些要求常常是背道而驰的，甚至是水火不容的。因此，自我往往因压力过大而发生内心冲突，以致失去心理平衡而产生心理问题。

2）人格发展理论。弗洛伊德精神分析理论认为，个体通过自己或者父母在正常看护自己的过程中刺激个体的快感中心来得到满足。在不同的发展阶段，快感中心是有所不同的。按照快感中心的不同，个体的成长可以划分为口唇期、肛门期、性器期、潜伏期、生殖期5个阶段。

口唇期为0~1岁，这个阶段，婴儿主要通过口唇活动，如吮吸、咬、吞咽等获得快感；肛门期为1~3岁，这一阶段，快感中心转到肛门；性器期为3~5岁，"恋父情结"和"恋母情结"正是在这一阶段产生的。这前3个阶段是人格发展的重要阶段，为成人后的人格模式奠定了基础。潜伏期为5~12岁，这一阶段，个体的力比多①受到压抑，没有明显表现；生殖期为12~20岁，这一阶段，个体的性器官开始发育成熟，力比多压抑逐渐解除。

（3）本能理论。在弗洛伊德精神分析理论体系中，本能是指人格的推动性或者动机性的驱动力量，是身体内的刺激的源头。本能的目的，是通过某些行为，如进食、饮水、性行为等，来满足食欲、性欲等需求。

弗洛伊德把本能分为2类，即生的本能和死的本能。生的本能是一切与自身生存和种族延续有关的本能，包括饥饿、渴、性等。因此，生的本能是维持生命的创造性力量。生的本能通过力比多这一能量形式表现出来。

---

① 力比多：一切寻求快感的心理能量，主要指性本能的能量。

死亡也是一种本能，它代表着人类生命本质中的破坏与攻击，甚至自我毁灭的力量。死的本能的表现分内外 2 种，向外表现为侵略性的暴力行为，向内则表现为消极、自我放逐、自我惩戒、自虐甚至自杀的行为。当死的本能受到外界条件的限制，无法发泄时，便表现为向内的自我惩罚、自杀等自毁倾向。但是，一旦对外界的发泄成为可能，死的本能就表现为向外侵犯的倾向，表现为破坏、挑衅、攻击、侵略、战争等行为。

弗洛伊德认为，无论是生的本能还是死的本能，它们的能量或势力都来自力比多，属于无意识领域。这些本能虽然是不可知的，能量却很大，推动着人类的一切行为，决定着个体一生的主要活动。2 种对立的本能趋于相互毁灭，无论是个体还是社会的争斗和不满，都是这 2 种本能的冲突所致。

（4）焦虑和心理防御机制理论

1）焦虑理论。精神分析理论是最早研究焦虑的心理学理论。弗洛伊德认为焦虑是自我在感受到威胁时发出的一种警示。他把这种焦虑理论称为"焦虑的信号理论"。他认为，焦虑可能使个体不恰当地使用防御机制，从而导致心理疾病。

焦虑的发展分为 2 个阶段，一是原始焦虑阶段，二是后续焦虑阶段。原始焦虑主要是出生创伤，它是后续焦虑的基础。

弗洛伊德把焦虑划分为 3 种类型，即客观性焦虑、神经性焦虑和道德焦虑。

客观性焦虑是指个人在现实世界遇到实际危险时产生的恐惧。神经性焦虑在担心表达本能欲望而被惩罚时产生。道德焦虑在思考或从事违背良知的行为时产生。个体的焦虑状态往往是 2 种或 3 种焦虑的混合状态。

弗洛伊德精神分析强调将神经性焦虑转化为客观性焦虑的重要性，从而最终解除客观性焦虑。

2）心理防御机制理论。心理防御机制是指个体面临挫折或冲突的紧张情境时，在其内部心理活动中具有的自觉或不自觉地解脱烦恼，减轻内心不安，以恢复心理平衡与稳定的一种适应性倾向。心理防御机制的积极意义在于，能够使主体在遭受困难与挫折后减轻或免除精神压力，维护或恢复心理平衡，同时激发主体的主观能动性，激励主体以顽强的毅力克服困难，战胜挫折；其消极意义在于，主体可能因压力的缓解而自足，或出现压抑甚至恐惧而患上焦虑症。

弗洛伊德主要提出了 8 种自我防御机制，分别为否认、移置、投射、合理化、反向作用、倒退、压抑和升华。

①否认。否认是指对某种痛苦的现实有意识或者无意识地加以否定，来缓解自己的焦虑和痛苦，认为不承认就不会痛苦（如拒绝接受亲人的亡故）。否认是一种保护性质的、正常的防御，只有在干扰了正常行为时才是病态的。

②移置（置换）。移置是无意识地将指向某一对象的情绪、意图或幻想，转移到另一个对象或替代的象征物上，以减轻精神负担，维护心理平衡。个体的本能冲动和欲望不能在某种对象上得到满足时，就会转移到其他对象上。

③投射。投射是指自我将不能接受的冲动、欲望或观念归因（投射）于客观或别人。如"以小人之心度君子之腹"就是一种投射心理。

④合理化。合理化又称文饰作用，是指无意识地用一种似乎有理的解释或实际上站不住脚的理由来为其难以接受的情感、行为或动机辩护，以使其可以接受。合理化有2种表现：一是酸葡萄心理，即把得不到的东西说成是不好的；二是甜柠檬心理，即当得不到葡萄而只有柠檬时，就说柠檬是甜的。两者均是以掩盖其错误或失败来维护内心的平衡。

⑤反向作用。反向作用是指对内心难以接受的观念或情感以相反的态度与行为表现出来。

⑥倒退。倒退也称退行，是指当个体遇到挫折或应激时，心理活动退回较早年龄段的水平，以原始、幼稚的方法应付当前的情景以获得他人的同情，减轻焦虑。

⑦压抑。压抑是指把意识所不能接受的观念、情感或冲动压抑到无意识中去，使自己不能意识到它们的存在。这种被压抑的观念、情感或冲动并没有消失，一直在无意识中积极活跃，并通过其他心理机制的作用以伪装的形式出现。

⑧升华。升华是指把社会所不能接受的性欲或攻击性冲动所伴有的力比多能量转向更高级的、社会所能接受的目标或渠道，进行各种创造性的活动。这是一种积极的、富有建设性的防御机制。升华其实就是把本能冲动转移到能被社会赞许的活动或行为中去的行为。

（5）梦的学说。梦的学说是弗洛伊德的精神分析理论中的重要部分。

弗洛伊德认为，梦是一种愿望的达成，是一种清醒状态精神活动的延续。"日有所思，夜有所梦"说的就是这个道理。

弗洛伊德认为，梦并不是没有意义、荒谬的，它是一种具有充分价值的精神现象。梦在清醒时我们可以理解的精神动作的长链中占有它的位置，它是通过一种高度错综复杂的理智活动而被建造起来的。因此，弗洛伊德认为，梦含有一种科学程序，是可以解释的。

弗洛伊德认为，梦往往毫无掩饰、极为明显地表现出了人的愿望。但是，有时梦并不明显呈现人的某种愿望的满足，而是非常隐晦的。同时，多数梦表达的是无意识中的某些愿望。有时梦是通过象征物把人的愿望表达出来的。

所以，弗洛伊德用了2个概念，即"内隐的梦"和"外显的梦"，来描述梦是如何表达本能愿望的。只有对梦的意念进行分析才能得到和揭示其内容和意义的梦，叫作内隐的梦；本身就直接表达出了人的愿望的内容的梦，叫作外显的梦。当人的意识对梦所表达的愿望有所讳忌时，梦也就可能采取伪装的形式来满足无意识的、本能的愿望。

2. 精神分析的主要技术

（1）释梦技术。释梦是精神分析技术中最重要的方法之一。释梦是通向无意识的重要途径，是治疗心理疾病及探索心灵世界的一种方法。

释梦是揭示梦的内容和意义、把内隐的梦改变为外显的梦的过程。

释梦的目的是通过对内隐的梦的分析，发现隐藏在无意识中经伪装而表现出来的本能的愿望，是对梦的无意识心理的一种极其复杂的翻译工作。

释梦还能解释外显的梦与内隐的梦之间的关系，揭示出外显的梦的象征意义。

释梦主要采用对梦的表征和意象进行分析的自由联想的方法，它包括2个过程，即解释和分析。

（2）催眠技术。催眠是精神分析治疗中常用的技术。弗洛伊德在治疗患者的过程中发现不少患者在清醒状态下不记得自己发病时的症状，说不清症状的起因，也不明白这些症状与生活中的某些经历有什么联系。但是在催眠状态下，那些事件就像最近发生的那样鲜明地呈现出来。由此，借助于轻度的催眠，就可以把这些最初没有发泄的作用力引入正常意识中来，使其受到联想性矫正，或让症状在伴有记忆缺失的梦游状态下通过医生的暗示而消除。精神分析理论认为，神经症等心理疾病的起因大多是已经被患者忘记的痛苦经历，如能帮助患者唤醒已被遗忘的痛苦经历和心灵创伤，并且把它们倾吐出来，心理疾病就会得到治愈。催眠的原理，就是利用人的心理的受暗示性，将患者引导到催眠状态，让患者隐藏在无意识深处的心理症结显示出来。

治疗者通过暗示性的语言或动作等，对患者的感官进行刺激，使其意识范围变得狭窄，逐渐进入一种特殊的放松状态，即催眠状态。在催眠状态下，治疗者了解病因之后，将患者引到意识领域进行帮助，也可以将矫正性的言语或动作整合植入患者的无意识，如"你能面对所有的问题，做好想做的事情，顺利从网络中解脱出来""你的父母和朋友很爱你，你喜欢和他们交流相处""你有能力赢得老师的器重和同学的尊重"等。这些信息被植入无意识后，可以有效增强患者的自我控制能力，使其充满能量，以正确的方法重新适应社会。

（3）自由联想技术。弗洛伊德在精神分析治疗过程中由经验得知，被患者遗忘的记忆能在不受催眠的常态下重新出现。患者在与治疗者建立信任关系以后，就会敞开心扉，把埋藏在心底的隐痛倾诉出来，让受到压抑的记忆表露无遗。

自由联想技术，就是治疗者让患者半躺在沙发椅上使自己完全放松，治疗者坐在其后倾听患者的讲述。要求患者随时讲出脑海中浮现的念头、想象、回忆、思考及体验，不考虑所讲述的内容是否合乎逻辑、是否重要、是否符合道德标准，不加选择，不予保留，使自己自由地联想。治疗者应注意倾听患者的每一句话，尽可能保持被动，少干扰患者的思路，对患者讲述的经历及各种不相关的内容（包括梦）进行分析，找出它们之间的内在联系和隐藏在症状背后的无意识冲突。治疗者带领患者领悟自己的问题，并强化其改变的决心。患者在较为清楚自己的行为和心态后，就可以尝试改变行为，处理问题和适应生活。弗洛伊德将自由联想称为精神分析的"基本准则"。

（4）宣泄技术。宣泄，就是让患者把过去在某个情景或某个时候受到的心理创伤、遭遇的不幸和所感受到的负性情绪发泄出来，以达到缓解和消除患者负性情绪的目的。宣泄技术也称精神疏泄法。

当人们遇到精神挫折或创伤时，会有意去忘掉这些痛苦或困扰，越是将当时的烦恼、悲伤等情绪强行压制下去，积郁心中，就越会因此而患病，或造成严重的后果。因此，宣泄技术是十分重要而又常用的一种简易可行的心理咨询和治疗方法。

空椅技术是常用的宣泄技术。其具体做法是：准备2把椅子，患者坐在其中一把椅子上，将另一把椅子想象成相关的人。治疗者引导患者体验自己和对方各自的情境，让患者通过变换角色而在两者之间展开一场对话，使患者把自己受到心理创伤的心情和愤怒全部投向被视为造成伤害者的空椅上，从而实现情绪宣泄的目的。

二、行为疗法的基本理论和技术

行为疗法是基于现代行为科学的一种通用的心理治疗方法，是根据学习心理学理论和实验心理学方法，对个体进行反复的行为训练，以矫正不良行为的一类心理治疗方法。行为疗法认为"没有病人，只有症状"，同时认为症状性行为是学习得来的，是习得的不良习惯，通过学习也能把它们消灭掉。行为疗法的目标，就是改变和消除人的不良行为，塑造良好、健康的行为。概括地说，行为疗法是行为主义心理学理论和技术在心理治疗领域的具体体现。

1. 行为疗法的基本理论

（1）经典条件反射。经典条件反射又称经典性条件作用，是根据巴甫洛夫的实验所提出的一个概念，因此也被称作巴甫洛夫条件反射。它的原理是，由于条件刺激（中性）和无条件刺激（本来就能引起某种固定反应的刺激）在时间上的多次结合，使条件刺激成为无条件刺激的信号，以致在无条件刺激不出现的情况下，也能引起条件性的无条件反应（条件反应）。

经典条件反射的形成有2个基本条件：一是条件刺激和无条件刺激必须近乎同时出现；二是条件刺激作为无条件刺激的信号，必须先于无条件刺激出现。

经典条件反射形成后，如果条件刺激多次重复出现而没有无条件刺激相伴，条件反应的强度就会逐渐减弱，这种现象被称为消退。

经典条件反射是联想学习的一种形式，是许多行为的获得途径。

（2）操作性条件反射。美国心理学家伯尔赫斯·弗雷德里克·斯金纳提出的操作性条件反射又称操作性条件作用、工具性条件反射，是他在美国心理学家爱德华·李·桑代克的联结主义学习理论的基础上，用自己发明的斯金纳箱进行实验提出的理论。操作性条件反射是指有机体在某种情境中自发做出的某种行为，得到强化会让该行为在这种情境中发生的概率被提高，即形成该行为与情境的联系。

斯金纳认为，人和动物的行为有2类，分别是应答性行为和操作性行为。应答性行为是由特定刺激引起的，是不随意的反射性反应，是经典条件反射的研究对象；而操作性行为则不与任何特定刺激相联系，是有机体自发做出的随意反应，是操作性条件反射的研究对象。在日常生活中，人的行为大部分都是操作性行为，操作性行为主要受强化规律的制约。

操作性条件反射的基本过程有3个步骤。第一步是产生自由行为（如关在箱子里的白鼠偶尔按压杠杆）；第二步是某一行为之后，紧接着会有强化物出现（如白鼠得到食物）；第三步是得到强化后，该行为再次发生的可能性增加。需要强调的是，形成操作性条件反射的事件发生序列必须与上面这一过程一样，强化物必须在行为发生后出现。马戏团在动物表演节目后给其喂食，就是操作性条件反射的应用。

操作性条件反射的基本规律有3项。一是强化，就是通过强化物的作用，增加某种行为发生的概率，强化有正强化与负强化之分；二是消退，即有机体以前曾被强化过的行为，如果不再有强化物相伴，其发生的概率便会降低；三是惩罚，即当有机体做出某种行为以后，出现一个厌恶刺激，以抑制或消除此类行为。现实活动中的惩罚，就是以此为依据的。

2. 行为疗法的主要技术

（1）行为塑造法。行为塑造法是根据斯金纳的操作性条件反射而设计的培育养成新反应或新的行为模式的一种行为治疗技术。其方法是提供需要培养的行为模式、范本，即进行目标行为的示范，让患者通过对目标行为的观察进行学习，并逐步持续地强化而让其更为接近目标行为，最终使目标行为得以形成。

实施行为塑造法要注意以下事项：一是选择好初始行为。初始行为应该与目标行为接近，且又是患者较容易做到或有一定发生率的。二是把握好进度。切不可因进度太慢，使患者产生厌烦感；也不可因进度太快，使患者产生畏惧心理。

（2）系统脱敏法。系统脱敏法又称交互抑制法，是由美国学者约瑟夫·沃尔普创立和发展的。系统脱敏法的原理是治疗者缓慢地、由弱到强分等级地向患者暴露出导致其焦虑、恐惧的情境，通过放松训练来对抗相应等级情境引发的焦虑或恐惧情绪后，再进入下一等级的脱敏训练，这样逐步适应每个等级的情境，最终实现消除患者对情境的焦虑或恐惧的目的。

系统脱敏法可分为想象系统脱敏和现实系统脱敏。想象系统脱敏，就是在没有引起患者焦虑、恐惧的现实情境出现的情况下，由治疗者口头描述情境而进行脱敏治疗的方法；现实系统脱敏，就是治疗者让引起患者焦虑、恐惧的现实情境暴露在患者面前，而进行脱敏治疗的方法。

运用系统脱敏法应注意以下事项：一是治疗者要帮助患者树立治疗的信心，要求患者积极配合、坚持治疗。二是引起焦虑的情境出现时，患者不得出现回避行为或意向，这是治疗目标实现的关键。三是每次治疗后，治疗者要与患者进行讨论，对正确的行为加以赞扬，以强化患者的适应性行为。

（3）冲击疗法。冲击疗法也称暴露疗法、满灌疗法。该疗法与系统脱敏法类似之处是鼓励患者去接触自己敏感的对象或情境，使其在接触中实现脱敏；不同之处是冲击疗法直接让患者进入自己最恐惧或最焦虑的情境之中，给其强烈的冲击，同时不允许其采取堵耳、闭眼、哭喊等逃避行为，冲击要持续到患者对其习以为常为止。冲击疗法的基本原理是快速、充分地向患者呈现令其恐惧的刺激，实际体验后患者意识到所恐惧的刺激并不是那么可怕，恐惧感就会慢慢消除。采用冲击疗法应事先将治疗方式向患者讲清楚，征得同意后方可进行。冲击疗法适用于有焦虑和恐惧倾向的患者。

运用冲击疗法时要注意的是，要考虑患者的文化程度、受暗示程度、导致心理问题的原因和身体状态等多种因素，对体质虚弱、有心脏病或高血压、承受能力差的患者，要慎用这种方法。由于冲击疗法所引起的心理、生理反应剧烈，可能加剧焦虑而导致回避，甚至可能引发意外，因此，在实施过程中必须谨慎。

（4）阳性强化法。行为主义心理学理论认为，人及动物的行为是后天习得的，是目标行为被强化的结果。如果想建立或保持某种行为，可以对其进行阳性刺激，即通过奖励强化该行为，从而促进该行为的产生和增加其出现的频率，直至该行为成为习惯。这就是阳性强化法的基本原理。

阳性强化法是建立、训练某种良好行为的治疗技术，也称正强化法或积极强化法。治疗中只要合理安排阳性强化的程序，一般都可以让患者慢慢地达到目标。这种方法适用于出现行为障碍、希望改变行为的患者。

（5）厌恶疗法。厌恶疗法是将某些令人不愉快的刺激通过直接作用或间接想象，与患者需要改变的行为症状联系起来，使其最终因感到厌恶而放弃这种行为。其基本原理是，将患者的不良行为与某些令人不愉快的、令人厌恶的刺激相结合，形成一个新的条件反射，用来对抗原有的不良行为，进而最终消除这种不良行为。

常用的厌恶性刺激有物理刺激（如电击、橡皮圈弹痛等）、化学刺激（如呕吐剂等）和想象中的厌恶性刺激（如口述某些厌恶情境，然后与想象中的刺激联系在一起）。在进行治疗时，厌恶性刺激应该达到足够的强度，通过刺激能使患者产生痛苦或厌恶反应，直到不良行为消失为止。

应注意，能够运用正强化时，尽量不用厌恶疗法。即使采用厌恶性刺激，这些刺激也应该是没有严重副作用的。运用厌恶疗法时，一定要掌握厌恶性刺激的量的大小。刺激太小，起不到应有的作用；刺激过大，会对患者造成身心伤害。

（6）代币法。代币法是在斯金纳的操作性条件反射理论的基础上形成并完善的一种行为疗法。它通过建立某种奖励系统，在患者做出预期的良好行为时，马上给予代币性奖励，从而让目标行为得到强化，使患者所表现的良好行为得以形成和巩固，同时使患者的不良行为得以消退。

代币可以采用不同的形式，如记分卡、筹码等。代币应该具有与现实生活中钱币类似的功能，即可换取多种多样的奖励物品或患者所感兴趣的活动，从而令患者获得回报，也有利于实现治疗目标。

用代币作为强化物的优点在于不受时间和空间的限制，使用起来极为便利，还可进行连续强化，只要患者出现预期的行为，强化马上就能实现。在患者出现不良行为时还可倒扣代币，使阳性强化和阴性强化同时起作用而实现双重强化的效果。

运用代币法应注意对各种行为给予适当的分值，并匹配相应数量的代币。

（7）放松训练。放松训练是指通过治疗者或患者自我的言语引导，让患者的身体和精神由紧张状态进入松弛状态的过程。放松训练常用的有以下3种方法。

1）深呼吸放松法。先让患者安静下来，让其闭上双眼，双肩自然下垂，用鼻子吸气。当吸气足够多时，憋气几秒钟，用嘴巴缓缓地呼气。反复几次（至少3次），很快就能起到放松的效果。这种放松训练方法简单易行，可以在紧张、焦虑的压力状态下随时进行。

2）肌肉放松法。肌肉放松法是指在治疗者的言语引导下，患者身体各部位（从头部到腿部）肌肉依次放松的方法。在这一放松的过程中要遵循先缩紧某个部位肌肉，然后慢慢放松这个部位肌肉的原则。

3）想象放松法。想象放松法是指在治疗者的言语引导下，患者通过想象，让自己来到一个温馨、美好、舒适、清新的环境中，比如草原、大海、太空、花海等，从而

感到惬意和放松，实现减轻心理压力，缓解和消除紧张、焦虑的目的。

三、认知疗法的基本理论和技术

认知疗法是根据认知心理学中认知过程具有影响情绪、情感和行为的功能的理论假设，通过认知和行为技术来改变患者不良认知的一种治疗方法。认知心理学认为，外部世界的刺激并不直接引起个体的反应，个体对刺激进行认知和评价后才产生情绪和行为。因此，任何情绪与行为都有认知因素参与，并由认知发动和维持。当人出现认知偏差和歪曲时，就会出现情绪的紊乱和适应不良行为。若要治疗这种负性情绪和行为，就必须改变其歪曲的认知。

认知疗法中最具代表性、最常用的是理性情绪疗法（RET）。

理性情绪疗法也称合理情绪疗法，是20世纪50年代由美国心理学家阿尔伯特·埃利斯创立的。理性情绪疗法的基本理论主要是情绪ABC理论，因其采用了行为疗法的一些方法，故又被称为理性情绪行为疗法。

1. 理性情绪疗法的人性观

（1）人既可以是有理性的、合理的，也可以是非理性的、不合理的。当人们按照理性去思考、去行动时，他们就会是愉快的、富有竞争精神且行动有成效的人。

（2）情绪是伴随人们的思维而产生的。情绪上或心理上的困扰是由不合理、不合逻辑的思维造成的。

（3）人具有生物学和社会学的倾向性，倾向于存在有理性的、合理的思维和非理性的、不合理的思维。即任何人都不可避免地存在或多或少的非理性的、不合理的思维。

（4）人是有语言的动物，思维借助于语言而进行。人不断地用内化语言重复某种不合理的信念，就会导致情绪困扰。

（5）情绪困扰的持续是那些内化语言持续作用的结果。埃利斯说："那些我们持续不断地对自己所说的话，经常就是或者就变成了我们的思想和情绪。"

2. 情绪ABC理论

情绪ABC理论是理性情绪疗法的基本理论。这一理论的要点是，情绪不是由某一诱发性事件本身引起的，而是由经历这一事件的个体对事件的理解和评价引起的。

（1）事件的发生不是人产生情绪和行为的直接原因。在情绪ABC理论的模型中，A是指发生的事件；B是指个体在遇到事件A之后经过认知和评价产生的信念，即对事件的看法；C是指在特定情景下，个体的情绪及行为。通常人们认为人的情绪和行为是直接由事件A引起的，而该理论认为其实不然。该理论认为，事件A只是引起情绪及行为C的间接原因，而个体对事件A所持的信念（看法）B才是引起情绪和行为C的直接原因。改变了对事件的信念（看法），负性情绪和行为也会得到改变。

（2）不同的人对同一事件可能会产生不同信念（看法），因此会产生不同的情绪和行为。合理的信念会引起人们适当、适度的情绪和行为；而不合理的信念，则往往会导致不适当的情绪和行为。若人们坚持某些不合理的信念，长期处于不良的情绪状态之中，就会导致情绪障碍的产生。

理性情绪疗法主要关注的是合理的信念和不合理的信念，前者导致自助性的积极行为，而后者则会引起挫折感或过度紧张、抑郁、焦虑情绪，甚至引起反社会行为。

3. 几种不合理信念及其特征

（1）绝对化要求。绝对化要求，是指人们以自己的意愿为出发点，对某一事物持有其必定会发生或必定不会发生的信念，是非此即彼、非黑即白的思维模式。它通常与"必须""应该"这类字眼连在一起，如"我必须获得成功""别人必须对我好"等。

怀有这样信念的人极易陷入情绪困扰中，因为客观事物的发生、发展都有其规律，是不以人的意志为转移的。就某个个体来说，其不可能在每一件事情上都获得成功；其周围的人和事物的表现和发展也不可能以其意志为转移。因此，当某些事物的发展与其对事物的绝对化要求相悖时，怀有这样信念的人就会受不了，感到难以接受、难以适应，从而陷入情绪困扰。

理性情绪疗法就是要帮助其改变这种极端的思维方式，认识其绝对化要求的不合理、不现实之处，帮助其学会以合理的方式去看待自己和周围的人与事物，以降低其陷入情绪障碍的可能性。

（2）过分概括化。这是一种以偏概全的不合理思维方式。一方面表现为对自身的不合理评价，自己做错了一件事就认为自己一无是处，以某一件或几件事来评价自己的整体价值，其结果往往是自责、自罪、自卑、自弃，从而产生焦虑、抑郁等情绪；另一方面表现为对他人的不合理评价，他人稍有错处就完全否定他人，一味责备他人，从而产生敌意和愤怒等情绪。埃利斯认为，不应以一件事的成败来评价整个人的价值，他强调"评价一个人的行为，而不是去评价一个人"。因为在这个世界上，没有一个人可以达到完美无缺，每一个人都应该接受自己和他人是有可能犯错误的。

（3）糟糕至极。这是一种认为如果一件不好的事发生了，将是非常可怕、非常糟糕，甚至是一场灾难的想法。糟糕至极的想法，会导致个体陷入极端负性情绪，如耻辱、自责、自罪、焦虑、悲观、抑郁中。

糟糕至极常常是与绝对化要求相联系而出现的。即当人们认为"必须"和"应该"如何的事情并非像他们所想的那样发生时,他们就会感到无法接受这种现实,就会走向极端,认为事情已经糟到了极点。

理性情绪疗法认为,糟糕的事情发生以后,人们必须尽可能地去改变这种状况;在不能改变时,则要学会接受现实,在现有状况下生活下去。

绝对化要求、过分概括化、糟糕至极,都是不合理的信念,易导致极端心理,会给人们带来无尽的烦恼和困扰。

4. 理性情绪疗法的技术

(1)与不合理信念辩论技术

1)辩论的具体方法

①质疑式。治疗者直截了当地向患者的不合理信念发问。

②夸张式。针对患者信念的不合理之处,故意提出一些夸张的问题。

2)辩论的实施

①根据情绪 ABC 理论,先找到不合理的信念,才能有效地进行辩论。

②辩论中积极提问,促进患者主动思维。与不合理信念辩论时,以简洁的问题询问患者,使患者不得不回答"是",以引导患者改变不合理的信念。

3)"ABCDE"模型。与不合理信念进行辩论时,可以运用根据 ABC 理论建立的"ABCDE"模型。"ABCDE"模型如下。

A(activating events)——诱发性事件。

B(beliefs)——由 A 引起的信念(对 A 的评价、解释等)。

C(emotional and behavioral consequences)——观念或信念引起的情绪和行为的后果。

D(disputing irrational beliefs)——与不合理的信念辩论。

E(effects)——通过治疗达到的新的情绪及行为。

4)辩论的注意事项。运用与不合理信念辩论技术时,应以质疑式提问为主,主要的工作是找出患者不合理的信念。但在辩论中,治疗者不要采用咄咄逼人的质疑方式,以免给患者居高临下的不良感觉。

(2)合理情绪想象技术。合理情绪想象技术,就是帮助患者改变自己所持的不合理信念、建立健康的情绪模式的方法。具体方法是:首先使患者在想象中进入产生过不适应情绪反应或自感最受不了的情境之中,体验在这种情境下强烈的情绪反应,并保持这一想象情境。然后,帮助患者把刚才这种不适应情绪改变为一种适度、健康的情绪,并体会适度的情绪。最后,让患者停止想象,讲述他是怎么想的,怎样让自己的情绪发生了变化,情绪是如何变化的,改变了哪些负性观念,学到了哪些正性观念。如果患者能连着几个星期进行合理情绪想象练习,那么再次面对消极事件时,就不会再产生消极、沮丧的感受和情绪了。

(3)苏格拉底式提问技术。苏格拉底式提问是认知疗法的标志性技术,其根本特点是通过非指导性的提问方式,帮助患者整理、澄清和改变歪曲的认知观念和非理性思想,激发患者的好奇心和求知欲,促使其主动思考以找到对原问题新的认识和理解。

1)苏格拉底式提问的步骤。

第一步,定义用语。确定患者所用的词语的意义,即要求患者将其所使用的词语,尤其是关键词语定义清楚,以澄清概念。

第二步,确定规则。找出患者所使用的规则,即探讨患者推理所运用的前提,以分析前提的正确性,进而了解某些观念是否有偏差。

第三步,找到证据。要求患者提出证据来检验其所运用的规则是否真实可靠,是否需要修正。

2)苏格拉底式提问的一般模式。

"当时你脑子里都有什么样的念头?"

"你的情绪感受是怎样的?"

"后来又发生了什么?"

"这种情况是从什么时候开始的?"

"你是怎样得出这个结论的?"

"你想想,你的这个结论有什么不合理之处?"

3)苏格拉底式提问的主要特征。所提出的必须是一个真正的问题,即指向明确;被提问者能够提供答案;单纯提问,不暗示自己的观点。

4)使用好苏格拉底式提问技术,最关键的是治疗者要有一颗"无知的心"。即治疗者要抱着对于患者的主观感受和想法、患者本人对自己的经历和困扰赋予怎样的意义都一无所知的态度进行提问,不要去做主观的分析或解释。

好的苏格拉底式提问是简单、容易回答的,是思路明确连贯的,是充满好奇心和探索欲的,是不急于一步到位、有耐心的,是积极关注患者的内心、有支持性和能和患者共情的。

(4)家庭作业。心理治疗要真正有效,必须以患者有主动改变的行动为前提条件。因此,布置家庭作业是认知疗法中很重要的一项工作。治疗者在第一次会谈前就要做好布置家庭作业的准备,会谈结束时布置家庭作业。在下一次会谈时可以花点时间让患者回顾家庭作业的内容,介绍完成作业的情况。

通过布置家庭作业,可以为患者提供深入的自我教育的机会。通过收集患者做家庭作业时的想法、情绪和行为是否有所改变的信息,可以促进患者产生主动改变的行为。同时,好的家庭作业可以通过使用认知和行为工具(认知歪曲表、思维记录表等)调整患者的思维,让患者将在会谈中学到的思维方式和方法进行比较好的内化,增强患者的自我效能感。

1)持续性家庭作业的主要内容。家庭作业的主要内容包括理性情绪疗法的自助量表、与不合理思维辩论、合理的自我分析、行为激活、监控自动思维、评估并对自动思维做出反应、问题解决、行为技巧、行为试验、阅读疗法、为下次会谈做准备等。

2)提高患者坚持做家庭作业可能性的措施

①作业内容要适合患者。要考虑到患者的个人特征、阅读和书写能力、做家庭作业的动机和意愿、目前的痛苦水平和功能(认知、情绪和行为)水平及时间问题等,对不同的患者要布置不同的家庭作业。治疗者可以与患者协商安排家庭作业的内容,这样有利于患者更好地完成家庭作业。

②要向患者强调,家庭作业是治疗中不可缺少的部分,要想取得良好的治疗效果就一定要完成家庭作业。治疗者应向患者介绍家庭作业的作用原理,即家庭作业会有什么作用,以及为什么会对其产生帮助。

③要告诉患者做家庭作业可能遇到困难和产生焦虑感。患者在完成家庭作业的过程中可能会遇到不同的困难,家庭作业也有可能会激发其更强的焦虑感,这都可以事先告知患者,让其有思想准备。也可以告诉患者在完成家庭作业过程中遇到困难和问题都是正常现象,不必焦虑,顺其自然即可。

④帮助患者设立一个做家庭作业的提醒系统。让患者把作业记下来,让患者确定如何存放或携带作业单或笔记本。帮助患者设立一个提醒其做作业的系统,如把家庭作业与另外一项日常活动联系起来,在冰箱、衣橱、镜子、书房墙壁等地方贴上便条来提醒其完成作业,利用手机闹钟、日程管理APP(应用程序)或计算机来提醒其完成作业,请另一个人提醒督促其完成作业等。

四、正念疗法

正念的概念源于佛教。

20世纪70—80年代,正念的概念被介绍到西方,为心理学界所注意。美国马萨诸塞大学荣誉医学教授乔·卡巴金等学者对其进行研究,渐渐改良和整合为心理治疗中重要的理论和技术之一。

1. 正念的定义

"正念减压"的创始人乔·卡巴金对正念的定义是：正念是一种有意的、不加评判的、对当下的觉察。乔·卡巴金将正念称为一种精神训练方法，这种精神训练强调的是通过有意识的觉察，将注意力集中于当下，并对当下的一切观念都不去做评判。

有意识地觉察、专注于当下、不主观评判，被称为正念的三大要素。因此，正念是一种很好的安住内心，让内心平和、宁静的心理健康维护和心理治疗的方法。

2. 正念疗法的类型

正念对于人们的心理问题具有很好的疏通作用，能帮助人们从某种惯性又无知无觉的蒙昧状态觉醒过来，从而能触及生活里自觉与不自觉的所有可能性。因此，在现代心理学中，正念被发展成为一种系统的心理治疗方法，即正念疗法。

所谓正念疗法，就是以正念理念为基础的心理治疗方法。正念疗法是正念减压疗法、正念认知疗法、正念行为疗法、辩证行为疗法等一系列心理疗法的合称，这一系列心理疗法都具有一个共同特征，就是以正念理念为基础。

当前较成熟的正念疗法有正念减压疗法、正念认知疗法等。

（1）正念减压疗法（MBSR）。1979年，乔·卡巴金为马萨诸塞大学医学院开设减压诊所时，设计了正念减压疗法，协助患者以正念禅修处理压力、疼痛和疾病。

正念减压疗法是用来缓解压力的一套严格、标准的团体训练课程。课程的核心步骤是正念冥想练习。1995年，马萨诸塞大学再邀请乔·卡巴金设立"正念医疗健康中心"。他开始进行关于身心互动疗愈效能的研究与相关临床应用，希望能借此有效缓解慢性疼痛与压力引起的种种失调症状。至此，正念减压疗法越来越被人们所熟知，并被广泛地应用。

正念减压疗法采取团体训练课程的形式，每个进入减压诊所的患者都需要参加一个为期8周的团体训练班，每周训练一次，每次2.5~3 h，练习的内容是禅定等正念训练。

（2）正念认知疗法（MBCT）。正念认知疗法是由约翰·蒂斯代尔等人融合了认知疗法与正念减压疗法而发展出来的一种主要用以解决抑郁症反复发作问题的心理疗法。

蒂斯代尔通过研究发现，生活压力、烦躁不安的情绪、认知歪曲的思维模式与抑郁症的复发具有高度的相关性。他认为要防止抑郁症复发，先需要让患者认识到，消极思维的出现可能是抑郁症复发的预告；随后，通过某种方式使患者从消极思维中解脱出来。因此，蒂斯代尔和他的同事融合了认知疗法与正念减压疗法发展出了正念认知疗法，通过正念认知疗法来实现以上目标。

正念认知疗法通过打坐、静修或者冥想等形式，增强人们对其习惯化、自动化了的消极思维的觉察，培养人们以一种开放、接纳、顺其自然、不评判的态度来应对当前出现的想法与情绪；应用认知疗法技术处理消极思维，使患者能更早地觉察抑郁症复发的信号，从而及时采取干预措施防止抑郁症的复发。当个体能够觉察、接纳消极思维，并能用认知疗法技术处理其消极思维时，就能有效地防止抑郁症的复发。

正念认知疗法的核心技术被称为正念练习的7个态度，要求患者应以正确的态度来进行正念练习。正念练习的7个态度如下。

1）不评判。不对自己的情绪、想法、病痛等身心现象做价值判断，只是纯粹地觉察它们。

2）耐心。对自己当下的各种身心现象保持耐心，有耐性地与它们和平共处。

3）常保初学者之心。愿意以赤子之心面对每一个身心现象。

4）信任自己。相信自己的智慧与能力。

5）无为。不强求想要达到的（治疗）目的，只是无为地觉察当下发生的一切身心现象。

6）接受现状。全然接纳自己当下的不好状态，愿意如实地观照当下自己的身心现象。

7）放下。放下种种好恶观念，只是分分秒秒地觉察当下发生的身心现象。

五、叙事疗法

1. 叙事疗法的定义

叙事疗法是指治疗者倾听患者的故事，运用适当的方法，解构患者的主线故事，赋予主线故事新的意义，并帮助患者把问题外化，找出遗漏的例外故事，引导其建构新的积极故事，以唤起其发生改变的内在力量的心理治疗方法。

2. 叙事疗法的基本观点

（1）人不等于问题。传统心理学派往往把人的问题与人本身相提并论，将问题等同于人。叙事疗法则提倡对人的尊重，将问题和人分开，问题是问题，人是人，人不是问题，谈话的方向是支持个体在问题和自我之间建立合适的关系。

（2）每个人都是解决自己问题的专家。每个个体的成长都不是一件容易的事，在人生历程中会遇到不少困难和问题，但仍然能够走到今天，表明一定是有一些积极资源在支撑着个体，这些资源本来就蕴藏在个体的内在和生活之中，将这些积极资源调用起来，个体就有可能找到和重塑不一样的生命故事，之前的问题也就化解了，所以每个人都是解决自己问题的专家。

（3）放下主流文化的量尺。叙事疗法认为，个体问题的形成，在很大程度上与社会主流文化的压制有关。社会主流文化评价体系塑造着社会成员的行为，它对社会成员有一定的压迫性，将原本丰富多彩的生活压缩为单薄的"例行公事"。很多人对自己的消极结论就是在社会主流文化的大背景中形成的，如果换一个背景，该结论就可能不复存在。

（4）较期待的自我认同。个体往往会将社会主流文化价值观作为评判自己行为的标准，如果个体认为自己的行为长期不符合社会主流文化价值观，就有可能形成消极的自我认同，认为自己是有问题的。实际上，任何生活事件都有多元的价值意义，将生活事件多元意义的丰厚性展示出来，个体就更可能在其中选择符合自己价值判断的意义，而感到自己的人生是主动的，去改变自身被动面对问题的策略，形成符合自身体验的自我认同。

（5）寻找生命的力量。叙事疗法帮助患者将问题外化，把问题和人剥离开，解构主流文化对个体的影响。叙事疗法认为，虽然很多问题还没有找到答案，但是慢慢地去走、去看，就一定会找到自己的生命力量。

3. 叙事疗法的主要技术

（1）重新编排和诠释故事技术。叙事疗法主要是让患者先讲出自己的生命故事，以此为主轴，再通过治疗者的引导让患者去重写、丰富故事的内容。因为人们可以在重新叙述自己的故事，甚至是重新叙述一个不是自己的故事的过程中，发现新的角度，产生新的态度，从而产生新的重建力量，所以故事可以改变一个人。好的故事可以产生洞察力，使得那些本来只是模模糊糊的感觉与生命力得以彰显，被人们强烈地意识到。把自己的人生、故事用不同的角度来重新编排，让其成为一个积极的、新的故事，或许就可以让盲目与抑郁的心境得到改变。

（2）问题外化技术。问题外化技术，就是将问题与人分开，人不是问题，问题才是问题。如果把问题看成与人一体的，要想改变就非常困难，改变者与被改变者都会感到相当棘手。问题外化之后，问题与人分离，人的内在本质、技巧、力量、能力会被重新看见与认可，就有动力、能力和能量去解决自己的问题。

外化问题，实际上就是让患者重新定位自己和问题的关系，以旁观者的身份审视自己的问题，不把问题与自己等同，并能认识到自己有能力去改变，把解决问题的主动权收回自己手中，让自己有掌控感，使自己的能力和智慧有机会被运用，从而更好地专注于去改变不想要的行为。

（3）解构技术。若有问题的故事在患者的生命中存在了很长时间，其就会更倾向于使用消极的陈述来描绘它，迷失在自己的故事中，这个故事就好像一个永远无法被摆脱的魔咒，让其感到沉重和难以承受。解构就是帮助患者打开问题故事的包装，把故事分解成一个个较小的片段去认识，并了解故事是如何建构出来的；描绘出支持问题存在的全景，从而揭示出有问题的信念、做法、感受和态度；鼓励患者从更大的系统或不同的视角来定位故事，通过揭示叙事的来历、背景和影响，让患者的视野得到拓展，然后去建构自己更渴望的故事篇章。

（4）由薄到厚技术。叙事疗法认为，患者所拥有的积极资源有时会被自己压缩成薄片，甚至被视而不见。如果将薄片还原，在意识层面加深自己的觉察，这样由薄到厚，就能形成积极有力的自我观念。

（5）例外技术。例外技术，就是从患者的故事中发掘出具有积极意义的独特事件。治疗者帮助患者向自己的主线故事发起挑战，要求患者考虑主线故事之外是否存在一些独特的发现或例外事件，尤其是自己对抗问题的成功经历，让患者把注意力放在那些与问题相反的情境上，从而形成一个更加健全的、关于自我的新故事，以增强患者解决问题的信心。

4. 叙事疗法的治疗步骤

第一步，叙说故事。收集患者完整的生命故事。

第二步，为问题命名。与患者一起为其问题确立一个双方都可接纳的名称，就是将问题拟人化命名，让外化问题成为可能。

第三步，外化问题。将问题拟人化命名后，引导患者找到该问题的意图和手段，探讨该问题是如何困扰、控制并阻碍着患者的。

第四步，解构故事。邀请患者探索问题、看法、感受、态度的来源与发展，重新审视它们对当前的影响力和产生的结果。

第五步，寻找例外故事。引导患者寻找那些否认、抵触或尝试修正其问题主线故事的例外事件，通过例外事件启发其建构未来的新故事。

第六步，重构生命故事。引导患者寻找更多例外事件，打破旧问题主线故事的桎梏，创建、丰富新的故事内涵，从而建构更完善的自我，为自己的人生提供更多新选择、新方向，以实际行动去发展出未来全新的生命故事。

学习单元 3

心理健康指导伦理知识

一、心理健康指导伦理的定义及其重要性

1. 伦理及专业伦理

伦理是处理人与人、人与自然和社会关系时的道理、规律和准则。

专业伦理，是专业人员以专业角色与他人互动时的行为规范。

专业伦理的作用是规范专业人员与其他专业人员、与其服务的当事人、与其他社会大众之间的互动行为及关系。

2. 心理健康指导伦理及其重要作用

心理健康指导伦理是指心理健康指导专业人员在助人工作中，必须遵守的法律法规、社会规范、心理健康指导专业伦理守则、服务机构的规定、保证被指导者福祉的规范化要求。

《中国心理学会临床与咨询心理学工作伦理守则（第二版）》是中国心理学会制定的临床与咨询心理学工作者必须遵守的伦理守则，也普遍适用于我国所有的心理学专业人员和社会工作者开展的社会心理服务活动。因此，本教材的心理健康指导伦理相关内容，也以该守则为蓝本。

心理健康指导伦理的根本作用，就是在心理健康指导专业人员面对两难的决策困

境时为其提供可遵循的行为标准，帮助心理健康指导专业人员把被指导者的利益放在第一位。心理健康指导伦理的具体作用如下。

（1）心理健康指导伦理是对被指导者的切实保护。心理健康指导伦理要求心理健康指导专业人员要切实保护被指导者的权益和福祉，不伤害被指导者（这是心理健康指导伦理的核心），保护社会大众的权益。开展心理健康指导活动要保证被指导者的知情同意，不能随意泄露与被指导者的谈话内容，保护被指导者的隐私，不能获取被指导者除服务费以外的财物，切实维护被指导者的利益。遵守专业伦理，可以最大限度地防止专业工作关系的冲突和危机，其最大的受益者就是被指导者。

（2）心理健康指导伦理是对心理健康指导专业人员的保护。无伦理规范的助人工作是不可控的，无伦理规范的助人工作也是不可信的。心理健康指导伦理规范了心理健康指导专业人员的能力、资格及行为，是心理健康指导专业人员在心理健康指导活动中的行为准则，也是其进行问题辨识和决策的重要参考框架，更是其在面对两难决策困境时所遵循的行为标准，可以保证和提升心理健康指导的专业水准，从而同时保障被指导者和心理健康指导专业人员的权益，避免心理健康指导专业人员陷入职业生涯的旋涡暗流，避免工作失误造成的压力和不良后果。

在心理健康指导伦理的规范下开展指导工作，还可以让被指导者信任心理健康指导和心理健康指导专业人员，让心理健康指导专业人员的工作得到尊重。

（3）心理健康指导伦理对心理健康指导服务的行业形象具有维护作用。心理健康指导伦理代表着心理健康指导服务行业的价值观。对伦理守则的违背可能给整个心理健康指导服务行业带来严重的负面影响，因此，对心理健康指导伦理的遵守也是在维护心理健康指导服务行业的整体形象。

二、心理健康指导伦理的主要原则

《中国心理学会临床与咨询心理学工作伦理守则（第二版）》在总则中规定了心理健康服务的五条总原则，这也是所有心理健康指导专业人员在开展心理健康指导工作时必须遵循的总原则。

1. 善行

心理健康指导专业人员的工作，是让被指导者从其专业服务中获益，因此善良、慈悲、有助人之心是心理健康指导专业人员应具备的重要品质。心理健康指导专业人员应保障被指导者的权益，努力使其得到适当的服务并避免伤害。心理健康指导本身就是服务人、帮助人的工作，因此心理健康指导专业人员必须带着善意和助人的目的开展工作。

2. 责任

心理健康指导专业人员在工作中应保持其服务的专业水准，认清自己的专业、伦理及法律责任，切实对被指导者负责，维护专业信誉，并承担相应的社会责任。

3. 诚信

心理健康指导专业人员在工作中应做到诚实守信，在个人信息介绍、指导实践、研究及发表论文、教学工作及各类媒体的宣传推广中保持真实性。

4. 公正

心理健康指导专业人员应公平、公正地对待与自己专业服务相关的人员，采取谨慎的态度对待自己的工作，防止因自己潜在的偏见、能力局限、技术限制等导致不适当的行为。

5. 尊重

心理健康指导专业人员应尊重每位被指导者，尊重其隐私权、保密性和自我决定的权利。尊重是一切人际关系的基础条件。

三、心理健康指导伦理的主要议题

1. 胜任力

专业人员的胜任力是指专业人员为达成理想的专业活动所应具备的能力素养，包括专业知识、专业技能、自我形象、个人特质、社会性动机、思维模式、心理定式，以及思考、感知和行动的方式等。

（1）心理健康指导专业人员的胜任力主要表现在3个方面。一是具备开展心理健康指导所需的理论知识；二是掌握开展心理健康指导所需的方法和技能；三是具有将被指导者的需求置于首位，能倾尽全力帮助被指导者的高度责任感，且能够在发现自己难以胜任指导工作时，适时将被指导者转介。

（2）心理健康指导专业人员应关注自我身心健康。警惕因自己的身心健康问题伤害被指导者，必要时应寻求其他专业人员的帮助或督导，或者限制、中断、终止指导服务。

（3）如实介绍自己的学习培训经历和专业背景。心理健康指导专业人员在工作中介绍和宣传自己时，应实事求是地说明自己的学历、学位、专业资格、专业工作经历等，不得虚假宣传自己或所在机构、部门。

（4）履行社会公益义务。心理健康指导专业人员应承担必要的社会责任。鼓励心理健康指导专业人员为社会提供自己的部分专业工作时间进行低经济回报、公益性质的专业服务。

2. 指导关系

心理健康指导专业人员应按照专业伦理规范要求与被指导者建立良好的专业工作关系，这种专业工作关系应以促进被指导者的成长和发展、增进其利益和福祉为目的。

（1）公正地对待被指导者。心理健康指导专业人员不得因年龄、性别、种族、性取向、宗教信仰和政治立场、文化水平、身体状况、社会经济状况等歧视被指导者。

（2）尊重被指导者，保护其权益。心理健康指导专业人员应充分尊重被指导者，维护被指导者的权益，促进其福祉，应避免伤害被指导者。

（3）合规、合理地收取专业服务费用。如涉及收费服务活动，心理健康指导专业人员应依照当地政府要求或本单位规定恰当地收取专业服务费用，并在事前向被指导者清楚地介绍和解释其服务收费情况。

（4）不得谋取不义之财。心理健康指导专业人员不得收受被指导者除专业服务费用以外的财物，不得以收受实物、获得劳务服务或其他方式作为其专业服务的回报，以防止引发冲突、剥削、破坏专业关系等潜在危险。

（5）保持价值态度中立。心理健康指导专业人员须尊重被指导者的文化多元性，保持在价值观上的态度中立。应充分认识自己的价值观及其对被指导者可能造成的影响，并尊重被指导者的价值观，避免将自己的价值观强加给被指导者或替被指导者做出重要决定。

（6）不得为第三方谋取利益。心理健康指导专业人员应清楚地认识自身所处位置对被指导者的潜在影响，不得利用被指导者对自己的信任或依赖剥削对方，为自己或第三方谋取利益。

（7）避免双重或多重关系。心理健康指导专业人员要清楚地了解双重或多重关系（如与被指导者发展家庭、社交、经济、商业或其他密切的个人关系）对专业判断可能造成的不利影响，以及存在损害被指导者福祉的潜在危险，应尽可能避免与被指导者发生双重或多重关系。

（8）避免性或亲密关系。心理健康指导专业人员不得与当前被指导者或其家庭成员发生任何形式的性或亲密关系，包括当面和通过电子媒介进行的性或亲密沟通与交往。

（9）不得随意中断心理健康指导工作。心理健康指导专业人员出差、休假或临时离开工作地点外出时，要尽早向被指导者说明，并适当安排已经开始的心理健康指导工作。

3. 隐私权和保密原则

心理健康指导专业人员有责任保护被指导者的隐私权，同时应明确认识到隐私权在内容和范围上受到国家法律和专业伦理规范的保护和约束。

（1）明确向被指导者说明保密原则。在专业服务开始时，心理健康指导专业人员有责任向被指导者说明工作的保密原则及其应用的限度、保密例外情况并请其签署知情同意书。

（2）妥善保存指导过程的相关信息。心理健康指导专业人员应按照法律法规和专业伦理规范，在严格保密的前提下创建、使用、保存、传递和处理专业工作相关信息（如个案记录、测验资料、信件、录音、录像等）。可告知被指导者个案记录的保存方式，相关人员（如同事、督导、个案管理者、信息技术员）有无权限接触这些记录等，利于被指导者敞开心扉投入指导活动。

（3）应用指导案例要避免泄露被指导者隐私信息。心理健康指导专业人员因专业工作需要，在案例讨论或教学、科研、写作中采用心理健康指导案例，应隐去可能辨认出被指导者身份的相关信息。在教学培训、科普宣传中，应避免使用完整案例，如果有可辨识身份的个人信息（如姓名、家庭背景、特殊成长或创伤经历、体貌特征等），须采取必要措施保护当事人隐私。

（4）团体辅导应向成员说明保密要求。如果是团体辅导，应在团队内部确立保密原则，只有确保被指导者隐私受到保护时，才能讨论其相关信息。

（5）清楚了解保密原则的例外情况。心理健康指导专业人员应清楚地了解保密原则的应用有其限度，下列情况为保密原则的例外：第一类，被指导者有伤害自身或他人的严重危险；第二类，不具备完全民事行为能力的未成年人等受到性侵犯或虐待；第三类，法律规定需要披露的其他情况。

遇到第一和第二类情况，心理健康指导专业人员有责任向被指导者的合法监护人、可确认的潜在受害者或相关部门预警；遇到第三类情况，心理健康指导专业人员有义务遵守法律法规，并按照最低限度原则披露有关信息，但应要求法庭及相关人员出示合法的正式文书，并要求他们注意专业服务相关信息的披露范围。

4. 知情同意

被指导者可以自由选择是否开始或维持一段专业工作关系（指导关系），且有权充分了解专业工作的过程和心理健康指导专业人员的专业资质及理论取向。

（1）向被指导者说明指导关系双方的权利和义务。心理健康指导专业人员应确保被指导者了解指导关系双方的权利、责任，明确介绍收费设置，告知被指导者其享有的保密权利、保密例外情况及保密界限。

（2）向被指导者说明心理健康指导的相关问题。心理健康指导专业人员应知晓，被指导者有权了解下列相关事项：心理健康指导专业人员的资质、所获认证、工作经验及专业工作理论取向；专业服务的作用；专业服务的目标；专业服务所采用的理论和技术；专业服务的过程和局限；专业服务可能带来的好处和风险；心理测量与评估的意义，以及测验和结果报告的用途。

（3）对待被强制要求接受指导者的有关要求。对于被强制要求接受指导的人员，心理健康指导专业人员应当在专业工作开始时与其讨论保密原则的强制界限及相关依据。

（4）指导工作涉及其他心理健康服务领域专业工作者时的协调性要求。当被指导者同时接受其他心理健康服务领域专业工作者的服务时，心理健康指导专业人员可以根据工作需要，在征得被指导者的同意后，联系其他心理健康服务领域专业工作者并与他们进行沟通，以更好地为被指导者提供服务。

（5）对指导过程录音、录像的要求。只有在得到被指导者书面同意的情况下，心理健康指导专业人员才能对指导过程进行录音、录像或开展教学演示。

四、心理健康指导伦理的培养途径

心理健康指导专业人员主要通过自学、领会《中国心理学会临床与咨询心理学工作伦理守则（第二版）》的内容和要求来掌握心理健康指导伦理，也可通过参加规范的临床与咨询伦理的培训、接受专家督导、参加有关临床与咨询伦理的研讨会和开展心理健康指导的具体实践等途径来掌握。

培训任务 2

心理问题的鉴别与指导策略

学习单元 1

心理问题的鉴别

一、心理健康评估

1. 心理健康评估的概念及意义

心理健康评估是指，运用心理健康评估的技术和方法，收集被评估对象的心理活动资料，对其某一心理现象做出全面、系统、客观、深入的描述，经整理、分析、判断后得出全面的鉴定性结论，从而评定被评估对象的心理属性水平，确定其心理品质是否正常的过程。

要有效地开展心理健康指导工作，就要先对被指导者的心理特性、行为问题的性质和严重程度做出正确评估。其目的一是辨别被指导者是否属于自己服务的范围，二是利于有针对性地对被指导者开展适当的心理指导和行为矫正训练。因此，心理健康评估在心理健康指导工作中具有十分重要的意义。

2. 心理健康评估的科学性要求

心理健康评估有较高的科学性要求，无论是用于医学还是人才选拔等领域，都要求评估结论要尽可能客观、准确，不能出现大的偏差。

（1）心理健康评估要注意文化环境的差异性。心理健康评估面对的可能是不同民族、不同地域、不同文化习俗和不同领域的对象，因此要考虑评估对象所处的文化环境属性。由于文化环境的差异，心理的正常与异常很难有一个统一的区分标准，在某一文化环境中不被接受的异常行为，在另一文化环境中也许就是正常行为。因此，在异常心理的评估中，要注意文化差异的影响，要将评估对象置于其所处的文化环境中进行评估和判断。在使用一些从其他文化环境引入的评估工具时，也要注意将其进行本土化，使其适应本土文化环境下的心理健康评估要求。

（2）注意心理和行为的可变性。个体的心理特征和行为模式具有稳定性，但并不是一成不变的。因此，在心理健康评估过程中，要注意探究个体相对稳定的心理特征和行为模式，而不能仅看个体在某一特定情境中的心理和行为反应。此外，心理健康评估还需要在不同时间节点实施，以考察个体在不同时间节点的心理和行为是否有变化，这一点对选择、确定应用于指导者的指导方法尤为重要。

（3）注意评估工具的科学性和实用性。心理健康评估使用的评估工具应具有较高的信度和效度。选择时还要注意评估工具的适用范围，例如，不能把适用于成人的智力量表给儿童使用。使用评估工具时，也要严格按照操作要求进行，指导语、施测环境、积分和评估结果的解释等都应符合标准化和专业化的要求。

（4）注意各种评估方法的局限性。心理健康指导专业人员要明白，并没有完美无缺的评估方法，更没有完美无缺的评估实施过程，心理健康评估的不同方法各具优势和劣势，在评估过程中要注意取长补短，对收集到的各种信息进行综合分析。

（5）对心理健康评估结果的解释要避免对评估对象造成负面影响。心理健康指导专业人员对心理健康评估（尤其是心理测验）结果做出解释时，要避免做出心理健康评估对象患有某种心理疾病的结论，避免对心理健康评估对象带来负面心理影响。必须知道，心理健康指导专业人员是没有资格对评估对象做出诊断性的心理健康评估结论的。

3. 心理健康评估的方法

心理健康评估是一项专业性很强的工作，需要运用多种方法对个体某一心理现象做全面、系统、客观、深入的描述。目前，常用的心理健康评估方法有调查法、观察法、会谈法、作品分析法、心理测验法等。

（1）调查法。调查法是指从与评估对象相关的人或材料处获取与评估对象相关的信息从而进行心理健康评估的方法。调查法包括历史调查和现状调查2类。历史调查主要包括档案调查、文献资料调查和向了解评估对象过去经历的人进行调查等。现状调查主要围绕与评估对象当前面临的问题有关的内容进行。

调查对象包括评估对象本人及其周围的知情人，如其父母、兄弟姐妹、同学、同事、老师、领导等。调查除采用一般询问的方式外，还可采用调查表（问卷）的形式进行。

调查法的优点是收集的信息广泛且全面；不足之处是通常是间接性的评估，材料真实性容易受被调查者主观因素的影响。

（2）观察法。观察法是指通过对评估对象行为表现直接或间接（通过摄影录像设备）的观察或观测而进行心理健康评估的一种方法。观察法可分为自然观察法与控制观察法2类。自然观察法是指在自然情境（如家庭、学校或单位等日常环境）下进行观察，评估对象的行为不受观察者干扰，按照其本来方式进行。控制观察法是指在心理健康指导专业人员人为设置的、可控制的情境下进行观察。

观察法的优点是收集到的心理和行为信息比较真实和客观；不足之处是，观察法观察到的只是外显行为，不易重复。观察结果的有效性还取决于观察者的洞察能力、综合分析能力等。

（3）会谈法。会谈法也称交谈法、晤谈法等。其基本形式是心理健康指导专业人员与评估对象进行面对面的语言交流，是心理健康评估最常用的一种方法。会谈的形式包括自由式会谈和结构式会谈2种。自由式会谈的谈话是开放式的，气氛比较轻松，评估对象较少受到约束，可以自由地表现自己。结构式会谈是根据评估目的预先设定好一定的谈话结构和程序，谈话内容有所限定，效率相对较高。

会谈是一个互动的过程，在会谈中心理健康指导专业人员起着主导和决定的作用。因此，心理健康指导专业人员掌握和正确使用会谈技术十分重要。会谈技术包括言语沟通和非言语沟通（如表情、姿态等）2个方面。言语沟通包括听与说，要实现有效的沟通，有时听比说更为重要。非言语沟通可以通过微笑、点头、注视、身体前倾等表情和姿势表达对评估对象的接受、肯定、关注、鼓励等，从而促进评估对象的合作，启发和引导评估对象，将问题引向深入。

（4）作品分析法。作品分析法也称产品分析法。所谓"作品"是指评估对象创作的日记、书信、图画、手工艺品等，也包括其生活和劳动过程中所做的事和东西。通过分析这些作品可以有效地评估其心理水平和心理状态，作品可以作为客观依据留存。

房树人绘画心理分析法是一种常见的非常有效的作品分析法，即通过让评估对象在一张A4纸上画出有房子、树木和人这几个要素的图画，就可以分析获得评估对象的个人成长历程、家庭氛围、亲子关系、人格特征、行为模式、目前的生存和情绪状况等信息。房树人绘画心理分析法的原理是，一个人在无意识、不自觉的绘画过程中，会把自己的态度、愿望、情绪、成长和生存状态等信息，投射于画面的元素中。

（5）心理测验法。在心理健康评估中，心理测验占有十分重要的地位。心理测验可以对心理现象的某些特定方面进行系统评定，且测验一般遵循标准化、数量化的原则，所得到的结果可以参照常模①进行比较，避免了一些主观因素的影响，使评估结果更为客观。

心理测验的应用范围很广，种类也十分繁多。在心理健康指导工作中，为更有针对性地对被指导者实施指导，必要时也要通过心理测验初步确定被指导者是否具有某方面的心理和行为问题，知道其严重程度，为确定其是否属于指导范围提供依据，同时也为选择适当的指导方法提供依据，以尽可能实现好的指导效果。

1）常见心理测验类型。心理测验按其功能分类有以下几种类型。

①能力测验。从心理测验的观点来看，能力可分为实际能力与潜在能力。实际能力是指个体当前已有的知识、经验与技能。潜在能力是指个体经过适当的学习和训练或被置于适当的环境下完成某种任务的可能性。一般把测量潜在能力的测验称作能力倾向测验，也称性向测验。

能力测验又可进一步分为一般能力测验与特殊能力测验。一般能力测验即智力测验，测验工具有韦氏儿童智力量表等；特殊能力测验多用于测量个体在音乐、美术、体育、机械、飞行等方面所具备的特殊才能，如约翰·霍兰德编制的霍兰德职业兴趣测试。

②成就测验。成就测验主要用于测量个人（或团体）经过某种正式教育或训练之后对知识和技能的掌握程度，主要测量与教育相关的成就。最常见的成就测验有职业成就测验和学业成就测验，职业成就测验用来甄选、安置人员，学业成就测验可以鉴别评估对象的现有知识和能力，学校中的学科测验就属于学业成就测验。

成就测验多是测量在计划的或比较确定的情境（如学校）中学习的结果，而能力测验，特别是能力倾向测验则是测量在较少控制的或不太确定的情境中学习的结果，也就是在个人生活中经验累积的结果。

③人格测验。人格测验主要用于测量性格、气质、兴趣、态度、品德、情绪、动机、信念、价值观等方面的个性心理特征，即个性中除能力以外的部分。人格测验的工具有雷蒙德·卡特尔编制的十六种人格因素问卷（16PF）等。

④心理健康测验。心理健康测验主要用于测量人的某一心理现象是正常还是异常，异常的严重程度等，测验使用的量表工具有明尼苏达多相人格调查表（MMPI）、90项症状清单（SCL-90）、生活事件量表、抑郁自评量表（SDS）、焦虑自评量表（SAS）等。

2）常用心理测验量表

①韦氏成人智力量表

a. 韦氏成人智力量表简介。韦氏成人智力量表（WAIS）是由美国医学心理学家大

---

① 常模是对标准化样本的测验分数经过统计处理而建立起来的具有参照点和单位的量表，是用于比较和解释测验分数的参照标准。

卫·韦克斯勒于1949年开始主持编制的智力测验量表，它是一个广受全世界重视、应用极为广泛的智力测验量表。1979—1981年间，我国医学心理学家龚耀先主持完成了对WAIS（1955年版）的修订工作，称为中国修订韦氏成人智力量表（WAIS-RC）。考虑到中国城市和农村的现实情况，WAIS-RC分别制定了用于城市和农村的2个版本。2个版本的测验项目相同，记分标准也一样，但题目顺序、计算量表分与计算智商的标准不同。

b.WAIS-RC的作用。WAIS-RC包括11个分测验，其中言语部分包括知识、领悟、算术、相似性、数字广度、词汇6个分测验，操作部分包括数字符号、图画填充、木块图、图片排列、物体拼凑5个分测验。测验得分根据相应量表可换算成言语智商、操作智商和总智商，可同时提供3个智商分数和多个分测验分数，能够较好地反映智力的整体情况和各个分测验的结果。

c.WAIS-RC适用范围。WAIS-RC适用于16岁以上的评估对象，分农村和城市2种版本。城市版本适用于长期在城市生活、学习或工作的评估对象；农村版本适用于长期在农村生活、学习或工作的评估对象。

② 16PF

a.16PF简介。16PF是美国心理学家雷蒙德·卡特尔编制的人格因素测验。16PF检测的16种人格因素包括A——乐群；B——聪慧；C——稳定；E——恃强；F——兴奋；G——有恒；H——敢为；I——敏感；L——怀疑；M——幻想；N——世故；O——忧虑；Q1——实验；Q2——独立；Q3——自律；Q4——紧张。另有4种次元人格因素：适应与焦虑、内向与外向、感情用事与安详机警、怯懦与果断。16种人格因素是各自独立的，相互之间的相关度极小，对每一种人格因素的测量都能对评估对象某一方面的人格特征有清晰而独特的认识。运用16PF能对评估对象人格的16种不同因素的组合做出综合性了解，从而全面评价其整个人格。

b.16PF的功能。16PF具有多方面的功能，不仅可以反映评估对象人格的16个方面中每个方面的情况和其整体的人格情况，还可以通过其中某些因素的组合效应反映评估对象性格的内外向型、心理健康状况、人际关系情况、职业性向、在新工作环境中有无学习成长能力等，也可以反映评估对象的人格素质状况并作为临床诊断工具用于心理临床诊断。

c.16PF的应用。16PF的应用很广泛。其常模群体为正常人群，它的评价一般也针对正常人，因而适用领域很广。它既适合个别施测，也适合团体施测。每一次测验只需要45 min左右即可完成。它对于具有初三以上文化程度的青年、壮年和老年人都适用。

d.我国16PF的应用版本。我国现在通用的是1970年发布的中文修订本，其常模群体是2 000多名中国香港、中国台湾地区的学生。该版本适用于15岁以上中学生和所有具备小学阅读水平的青年、壮年和老年人。

③SCL-90。SCL-90由美国心理学家德罗加蒂斯编制于1975年。量表共有90个测试项目，每个项目采取5级评分。项目包含较广泛的精神症状学内容，从感觉、情感、思维、意识、行为到生活习惯、人际关系、饮食睡眠等，要求评估对象根据自己的实际情况做评定。测得的是一个人某段时间里（通常是一周）的症状水平。

该量表可以测验评估对象9个方面的因子。9个因子分别为躯体化、强迫症状、人际关系敏感、抑郁、焦虑、敌对、恐怖、偏执和精神病性。

此量表使用简便，测查角度全面，适用于测查人群中哪些人可能有心理障碍，并可测出其有何种心理障碍及严重程度如何，在临床上常常作为诊断的参考，也常用作心理健康的初级筛查工具。

④SDS。SDS是一种测量抑郁的工具，由美国杜克大学威廉庄教授于1965年开发。该量表包括20个反映抑郁主观感受的项目，其中精神性情感症状项目2个、躯体性障碍项目8个、精神运动性障碍项目2个、抑郁性心理障碍项目8个。每个项目的评分按症状出现的频度分为"A、B、C、D"4级，"A"表示没有该症状，"B"表示小部分时间有该症状，"C"表示相当多的时间有该症状，"D"表示绝大部分时间或全部时间有该症状，其中10个项目为正向评分（"A、B、C、D"依次评为1分、2分、3分、4分），10个项目为反向评分（"A、B、C、D"依次评为4分、3分、2分、1分）。

该量表使用简便，能够在一定程度上直观地反映评估对象近期的心境，并能相当直观地反映评估对象对抑郁的主观感受及其在治疗中的变化，适用于具有抑郁症状的成年人，但对于具有严重迟缓症状的抑郁难以评定。此外SDS对于文化程度较低，或智力水平稍差的人评定效果不佳。

将20个项目的分数相加，即得总粗分，将总粗分乘以1.25后取整数部分，即为标准分。按照中国常模结果，SDS标准分的分界值为53分，53~62分为轻度抑郁，63~72分为中度抑郁，73分以上为重度抑郁。

⑤SAS。从量表的形式到具体评定的方法，SAS都与SDS十分相似，是一种分析评估对象主观焦虑症状的简便临床工具，适用于具有焦虑症状的成年人，具有广泛的应用性。国外研究认为，SAS能够较好地反映有焦虑倾向的评估对象的主观感受。

SAS采用4级评分，主要评定症状出现的频度，其标准为："1"表示没有或很少时间有；"2"表示有时有；"3"表示大部分时间有；"4"表示绝大部分或全部时间都有。20个项目中有15项是用负性词陈述的，按上述1~4顺序评分；其余5项注"*"号者，是用正性词陈述的，按4~1顺序反向计分。

将20个项目的各项得分相加，即得总粗分；用总粗分乘以1.25以后取整数部分，就得到标准分，也可以查表进行转换。

按照中国常模结果，SAS 标准分的分界值为 50 分，50~59 分为轻度焦虑，60~69 分为中度焦虑，70 分以上为重度焦虑。

3）心理测验使用要求。心理测验是常用的既简便易行，又科学可靠的心理健康评估方法，但是，如果测验量表、测验手段和过程不科学，就有可能导致测验结果的误差很大。因此，心理测验的使用必须十分谨慎和严格。

①不得滥用心理测验。所谓滥用心理测验，是指以下情况。

a. 目的不明确、依据不充分地随意使用心理测验。

b. 单纯依据心理测验结果，不与症状表现相对照，就片面地下心理问题结论和制定指导措施。

c. 未查明某种心理测验的信度和效度的可靠性及常模的时限和使用范围，就给评估对象使用。信度是指一个测量工具对同一对象几次测量的结果一致，即测量具有稳定性和可靠性；效度是指一个测量工具能够测量出其所测对象的真实情况，即测量具有有效性和正确性。

d. 在评估目的以外使用心理测验。

e. 不按心理测验的程序和操作规定实施心理测验。

f. 超出某种心理测验自身功能，随意地对数据和结果进行解释。

g. 使用盗版软件实施心理测验。

h. 使用直接翻译而未经本土研究修订的量表进行心理测验。

②不得使用"地毯式轰炸"方式实施心理测验。

a. 在不理解各种心理测验的功能、对临床表现尚未形成印象时，便将各种测验工具一起使用，以求从中寻求可能的临床线索，这种抛弃会谈法、调查法和观察法，只依靠测验法的方式是不可取的。

b. 只为了经济效益而大量地、目的性不强地使用心理测验，是职业道德所不允许的。

二、心理问题的鉴别及指导策略

1. 心理正常与心理异常

（1）心理正常与心理异常的定义

1）心理正常。心理正常是指，个体的人格健全，情绪正常且保持相对稳定，内在心理活动协调，主观世界和客观世界相统一，人际关系协调，对社会生活环境适应良好。

2）心理异常。心理异常是指，个体在生活中与正常人相比，会出现一些或过于兴奋或过于消沉的心理活动及反常行为或情绪反应。心理异常是一种外界不良刺激所引起的病态心理和病态行为，是正常人对客观现象的歪曲的反应。

（2）区分心理正常和心理异常的三原则。我国心理学家郭念锋认为，区分心理的正常和异常，应该从心理学角度切入，以心理学对人类心理活动的一般性定义为依据，以使该问题明确化。根据心理学对心理活动的定义"心理是客观现实的反映，是脑的机能"，郭念锋提出了区分心理正常和心理异常的3条原则。

1）主观世界和客观世界统一性原则。心理是客观现实的反映，因此任何正常心理活动或行为，必须在形式和内容上与客观环境保持一致性。一个人是否出现幻觉、妄想、自知力丧失等，是观察和评价其精神和行为是否正常的关键，被称为统一性（或同一性）标准。人的精神或行为与外界环境失去统一性或同一性，不能被人理解，就是心理出现异常的表现。

2）心理活动的内在协调性原则。人类心理活动的认知、情感情绪、意志等心理过程是一个完整的统一体，正常心理的各心理过程之间具有协调一致性。这种协调一致性，保证人在反映客观世界过程中的高度准确和有效。因此，如果一个人的心理过程失去了协调一致性，就可以认为这个人的心理出现了异常。例如，用低沉的语调向别人讲述一件令人愉快的事，或者对痛苦的事作出快乐的反应，就是心理异常的表现。

3）人格的相对稳定性原则。一个人的人格一旦形成，便具有相对稳定性。如果在没有遭遇重大生活事件、巨大心理压力等的情况下，其人格的相对稳定性出现了问题，就要怀疑这个人的心理活动出现了异常。例如，没有遭遇重大生活事件，一个很节俭的人突然挥金如土，或一个待人接物很热情的人突然变得很冷漠，那么就可以说这个人的心理已经出现了异常。

2. 心理问题严重程度等级划分及其主要处理方式

综合众多心理学者的观点，按照持续时间、活动是否正常、问题的性质、情绪反应对象是否泛化①、社会功能是否受损、是否丧失自知力等标准，本教材认为，按照严重程度由轻到重，常见主要心理问题可以分为以下5个等级：一般心理问题，严重心理问题，神经症性心理问题，神经症、心境障碍与人格障碍，精神病性障碍。

---

① 当某一反应与某种刺激形成条件联系后，这一反应也会与其他类似的刺激形成某种程度的条件联系，这一过程称为泛化。例如，"一朝被蛇咬，十年怕井绳"说的就是泛化现象。

（1）一般心理问题。一般心理问题是由现实因素激发、持续时间较短、情绪反应能控制在理智之下、不严重破坏社会功能、情绪反应对象尚未泛化的心理不健康状态。

判定一般心理问题的4个条件为：负性情绪持续时间在1~2个月；产生内心冲突，因此而体验到负性情绪；始终能保持行为不失常态；情绪反应对象未泛化。

一般心理问题通常可以通过自我调节或随着时间的推移自行缓解或消失。

（2）严重心理问题。严重心理问题是由相对强烈的现实因素激发、初始情绪反应强烈、持续时间较长、情绪反应对象充分泛化的心理不健康状态。

判断严重心理问题的4个标准为：不可控，多数情况下，会短暂地失去理性控制，单纯地依靠自然发展或非专业性的干预难以解脱；社会功能轻度受损；情绪反应对象泛化；痛苦情绪间断或不间断地持续2~6个月。

严重心理问题一般要通过接受心理辅导和心理咨询才能得到有效缓解或消除。

一般心理问题与严重心理问题的区别如下。

- 引发的刺激强度不同。一般心理问题，是因现实生活、工作压力等产生内心冲突，引起的负性情绪反应；严重心理问题，是较强烈的、对个体威胁较大的现实刺激引起的心理障碍。

- 症状持续的时间不同。一般心理问题，被指导者的情绪体验持续时间不超过2个月；严重心理问题，被指导者的情绪体验持续2个月以上，不超过半年，一般不能自行化解。

- 对社会功能影响的程度不同。一般心理问题，被指导者的负性情绪反应在理智控制下，不失常态，基本可维持正常生活、社会交往，没有对社会功能造成影响；严重心理问题，被指导者遭受的刺激越大，反应越强烈，多数情况下，会短暂失去理智控制，难以解脱，对生活、工作和社会交往有一定程度的影响。

- 情绪反应对象是否泛化。一般心理问题患者的情绪反应对象没有泛化；严重心理问题患者的情绪反应对象泛化。

（3）神经症性心理问题。神经症性心理问题也称疑似神经症或可疑神经症，是心理问题的一种比较严重的状态，已接近神经症，或者本身就是神经症的早期阶段，其症状与神经症类似——有明显、严重的内心冲突，但是病程、严重程度等都未达到神经症的诊断标准。

判断神经症性心理问题的标准为：病程在3个月以下，情绪反应对象严重泛化，心理冲突是变形的，社会功能中度以上受损。

神经症性心理问题很难通过自我心理调节缓解或消除，一般要通过接受专业心理咨询或心理治疗才能得到缓解或消除。

（4）非精神病性心理疾病——神经症、心境障碍与人格障碍

1）神经症

①神经症的定义。神经症又称神经官能症，是一组精神障碍的总称。发病常与心理社会环境因素有关，发病前多有一定的素质和人格基础；病程较长，呈持久性；主要表现为精神活动能力受损、恐惧、焦虑、强迫、抑郁、疑病、强迫、分离症状、转换症状、神经衰弱或躯体不适感等。患者大多自知力良好，无持久的精神症状，没有任何可被证实的器质性病理基础；内心冲突比较严重，患者觉察到或体验到这种冲突并因之而深感痛苦，常迫切要求治疗。患者心理功能或社会功能中度受损，但其感知现实的能力未受损害，与现实接触良好，无严重的行为紊乱。

②常见神经症类型

a. 焦虑症。焦虑症又称焦虑性神经症，是最常见的一种神经症，以广泛和持续性焦虑或反复发作的惊恐不安为主要特征，常伴有自主神经紊乱、肌肉紧张与运动性不安，包括广泛性焦虑障碍和惊恐障碍 2 种临床类型。

注意区分正常的焦虑情绪与焦虑症，如焦虑情绪严重程度与客观事实或处境明显不符，或持续时间过长，则可能为病理性的焦虑。

b. 恐怖症。恐怖症又称恐怖性神经症。恐怖症是以恐怖症状为主要临床表现的一种神经症。患者对某些特定的对象或处境产生强烈和不必要的恐惧情绪，而且伴有明显的焦虑及自主神经症状，并主动采取回避的方式来解除这种不安。患者明知恐惧情绪不合理、不必要，但却无法控制，以致影响其正常活动。恐惧的对象可以是单一的或多种的，如动物、广场、密闭空间、登高或社交活动等。

c. 强迫症。强迫症又称强迫性神经症，是一组以强迫思维和强迫行为为主要表现的神经症。其特点为有意识的强迫和反强迫并存，一些毫无意义甚至违背自己意愿的想法或冲动反反复复侵入患者的日常生活。患者虽体验到这些想法或冲动是来源于自身，并极力抵抗，但始终无法控制，内心强烈的冲突使其感到巨大的焦虑和痛苦，严重影响到其学习、工作、人际交往甚至生活起居。

强迫症的症状主要可归纳为强迫思维和强迫行为。强迫思维又可以分为强迫观念、强迫情绪和强迫意念，内容多种多样，如反复怀疑碰到脏的东西会不会得病，反复思考太阳为什么从东边升起西边落下，站在阳台上就有往下跳的冲动等。强迫行为往往是为了减轻强迫思维产生的焦虑而不得不采取的行动，患者明知是不合理的，但不得不做，例如患者反复怀疑自己出门时门没锁，就会去反复检查门锁以确保安全；碰到脏东西就害怕生病的患者，就会反复洗手，直到把手的皮肤洗伤了仍认为没洗干净而继续洗。

d. 癔症。癔症又称癔症性神经症、分离转换性障碍，或称歇斯底里，是由明显的

精神因素，如生活事件、内心冲突或强烈的情绪体验、暗示或自我暗示等作用于易病个体引起的神经症。癔症的主要表现有分离症状和转换症状 2 种。分离症状是指个体的意识、记忆、身份和环境感知等本应整合在一起的功能出现解离而导致的各种障碍性症状，这些症状没有可证实的器质性病变基础，会让人认为患者是在装病；转换症状又称癔症性躯体症状，是指病人将遭遇无法解决的问题和冲突时产生的情绪转换成各种各样躯体症状表现出来，它可以出现类似任何疾病的症状表现，但不能查出相应的器质性损害。

癔症的特殊表现形式有流行性癔症（癔症的集体发作）、赔偿性癔症、职业性癔症、癔症性精神病。

e. 疑病症。疑病症又称疑病性神经症。疑病症的基本症状是持续存在先占观念，患者认为自己患了某种或多种严重的进行性疾病或目前尚未被认识的躯体疾病，表现为过分关心自身健康和身体的任何轻微变化，并做出与实际健康状况不相符的疑病性解释，并且反复就医，尽管医学检查结果显示阴性且医生给予没有相应疾病的医学解释，还是不能打消患者的疑虑，患者仍坚持自己的疑病观念，继续到各医院反复要求检查和治疗。因此，患者常伴有焦虑或抑郁，很是痛苦。本病多在 50 岁以前发病，为慢性波动病程，男女均可发生。

2）心境障碍。心境障碍是以显著而持久的情感或心境改变为主要特征的一组疾病，主要表现为情感高涨或低落，伴有相应的认知和行为改变，可有精神病性症状，如幻觉和妄想。大多数患者有反复发病的倾向，发病常与应激性事件或处境有关，部分患者有残留症状或疾病转为慢性。

常见的心境障碍有双相障碍（情绪抑郁与情绪高涨交替发作）及抑郁症（单相心境障碍）2 种类型。双相障碍发病年龄较小，周期较短，发作频率较高，一般从抑郁开始，在病程中至少有某一个时期显得情绪高涨。抑郁症是比双相障碍更为常见的心境障碍。

①抑郁症。抑郁症是指以显著而持久的心境低落为主要特征的一类心境障碍，主要表现为持续的心境低落，与其处境不相称，可以从闷闷不乐到悲痛欲绝，甚至发生木僵，部分患者会出现明显的焦虑和精神运动性激越，严重者会出现幻觉、妄想等精神病性症状，部分患者存在自伤、自杀行为，甚至因此死亡。

抑郁症的核心症状有 3 条：心境低落；兴趣和愉快感丧失；疲劳感，活力减退或丧失。其他症状包括：注意力下降，自我评价和自信降低，自罪观念和无价值感，认为前途暗淡悲观，自伤或自杀的观念或行为，睡眠障碍，性欲下降，食欲下降或增加。

根据出现以上核心症状与其他症状的多少，可将抑郁症划分为轻度、中度和重度 3 个等级。诊断抑郁症的时间标准是抑郁症状持续 2 周以上。

有2条核心症状和2条其他症状为轻度抑郁症，有2条核心症状和3条其他症状为中度抑郁症，有3条核心症状和4条以上其他症状为重度抑郁症。

轻度抑郁症可以通过患者自己的心理调节缓解或消除；中度抑郁症一般要进行药物治疗，结合生物物理治疗或心理治疗；重度抑郁症一般要在精神科住院治疗。

应注意区别抑郁情绪与抑郁症，二者的本质区别为：抑郁情绪属于心理问题，抑郁症属于心理疾病。

②双相障碍。双相障碍也称双相情感障碍。双相障碍是以躁狂和抑郁交替发作为特征的心理障碍。"双相"即表明患者在躁狂与抑郁2种对立的心境之间循环反复，可能以其中一种心境为主，或二者并存。躁狂发作期间患者情绪激昂，精力充沛，思维奔逸，语速极快，有欣快、过度愉悦、高涨或"感到站在世界之巅"等心境，易怒，易冲动，极端条件下还可能出现暴力行为；抑郁发作时患者呈情绪低落的抑制状态。患者日常生活可以自理。

双相障碍主要依靠药物治疗，恢复期可以辅助进行心理治疗，以促进患者社会功能的恢复，预防复发。

3）人格障碍

①人格障碍的定义。人格障碍是指明显偏离正常且根深蒂固的行为方式，突出表现为情感、情绪反应、本能欲望和行为方式等方面的异常，具有适应不良的性质，而思维和智能活动没有异常表现。人格障碍或让患者遭受痛苦，或使他人遭受痛苦，或给个人或社会带来不良影响。人格障碍可能是精神疾病发生的素质因素之一，也可影响精神疾病患者对治疗的反应。

②人格障碍的特征

a.人格障碍开始于童年、青少年或成年早期，并一直持续到成年乃至终生，没有明确的起病时间，不具备疾病发生发展的一般过程。

b.人格障碍主要表现为情感和行为显著、持久偏离所在社会文化环境的正常范围，形成与众不同的行为模式，但其意识、智力均无明显缺陷。

c.患者可能存在脑功能损伤，但神经系统形态一般没有明显的病理学变化。

d.患者情绪不稳、自知力差、与人合作能力和自我超越能力差。

e.患者对自身人格缺陷常无自知力，难以从失败中吸取教训，屡犯同样的错误，因而在人际交往、职业和感情生活中常常受挫，以致害人害己。

f.患者一般能应付日常工作和生活，能理解自己行为的后果，也能在一定程度上理解社会对其行为的评价，因此主观上会感到痛苦。

各种治疗手段对人格障碍的疗效欠佳，医疗措施难以奏效，但是随着年龄的增长症状会有所缓解。

③人格障碍的类型。人格障碍包括强迫型人格障碍、偏执型人格障碍、依赖型人格障碍、自恋型人格障碍、回避型人格障碍、表演型人格障碍、分裂型人格障碍、反社会型人格障碍、冲动型人格障碍等类型。

（5）精神病性障碍。精神病性障碍特指具有幻觉、妄想或明显的精神运动性兴奋或抑制等精神病性症状的严重精神障碍。患者大脑功能失调，因此其认知、情感、意志等心理活动和行为均可出现持久、明显的异常；心理活动与环境不协调；动作行为难以被一般人理解，显得古怪、与众不同；在病态心理的支配下，有自杀或攻击、伤害他人的行为；有程度不等的自制力缺陷，患者往往对自己的状态丧失判断力，认为自己的心理与行为是正常的，拒绝治疗；社会功能几乎完全丧失。

常见的精神病性障碍有精神分裂症、狂躁抑郁性精神病、偏执型精神病及各种器质性病变伴发的精神病等。

3. 常见严重心理问题指导策略

在现实学习、工作和生活中，个体随时都可能面临过大压力、失败挫折、疾病等负面事件的困扰，从而导致严重心理问题的发生。这些严重心理问题如果不及时进行调适，就会严重影响个体的身心健康和学习、工作、生活。但是，不少人不知道如何应对和调适这些严重心理问题，以致被这些严重心理问题长期困扰，痛苦不堪。因此，指导人们正确面对、科学调适面临的严重心理问题，恢复心理的平衡，健康快乐地生活，具有十分重要的意义。

（1）严重心理问题的自我调适步骤

第一步，自我觉察严重心理问题的存在。养成关注和觉察自己内心活动和情绪的习惯，当自己感到有心理困扰发生时，尽可能清晰而具体地定义问题：到底发生了什么，到底是什么问题在困扰自己，自己的内心和情绪发生了什么变化，这些变化对自己产生了哪些影响，这些影响到底有多大。当个体觉察到了严重心理问题的存在时，就会提醒自己要进行自我调节了。

第二步，理性认知所面临的问题。无论面对多大的压力或挫折，都要进行理性、客观的归因，以积极、正面的方式看待所面临的问题，按照改变认知的方法，消除对所面临问题的消极、负面认知。

第三步，正常化问题，平和面对和接纳问题。无论内心矛盾冲突再剧烈，负性情绪再严重，都要提醒和暗示自己，心理问题是每个人在现实生活中遇到困难和困扰时都会发生的，是一种正常现象，只要自己去平和地面对，对其抱有一种接纳的态度，不对所发生的心理问题产生对抗和焦虑，再严重的心理问题都会得到解决。一旦做到对心理问题持有平和接纳的态度，就会感觉轻松多了。

第四步，分析心理问题产生的原因，选择恰当的方法进行调节。要有效地对心理问题进行调节，就要分析、找到心理问题产生的原因：是工作压力太大，发生了人际困扰，内心负累太重，过于夸大所面临的问题，还是自己的认知出现了偏差等。找到了心理问题产生的原因，选择恰当的方式去应对和调节，心理问题就能够得到缓解和消除。

第五步，在不断总结和感悟中实现自我成长。一旦建立了进行心理健康自我维护的意识，随时接纳和调节所发生的心理问题，个体的心理素质和心理能量就会不断强大起来，不仅能在面对和处理自己日常学习、工作和生活中的各种问题时更为理性、平和、有技巧，而且能够及时地觉察和有效地处理所面临的心理问题，让自己生活得更加快乐幸福。

（2）常用严重心理问题的调节方法

1）理性认知，正性思维。对问题的不同看法和态度，决定着个体应对问题的不同方式，同时也决定着个体不同的心理状态。用理性态度、正性思维去看待和认识问题，用科学的方法去应对问题，就能在问题面前从容自如，坦然平和，让紧张、焦躁、抑郁等情绪得到缓解和消除。

2）自我暗示，心态积极。心理暗示每时每刻都在支配着每个人的态度、行为和情绪的发生，它是影响每个人的人生历程的重要、强大的心理力量。心理暗示分为积极的心理暗示和消极的心理暗示。积极的心理暗示会给人带来良好的心态，让人充满自信心和正能量。消极的心理暗示则会使人心情晦暗，失去信心，情绪低落，焦虑不安。因此，当个体产生担心、紧张、害怕、恐惧、焦虑等负性情绪时，就可以利用积极的心理暗示告诉自己："担忧、紧张、害怕、恐惧也没有用，只能让我更加陷入烦恼和困扰之中，为了不让它们扰乱我的生活，就放开一点吧。"做这样的自我暗示，可以培养个体的积极心态，不致让个体总是沉浸在负性情绪的困扰中不能解脱出来。

3）顺其自然，克服攀比。人生的很多压力和烦恼，不是源于获得的太少，而是源于想要的太多、总是去与别人攀比。因此，只要改变自己面对名利得失的态度，放下虚荣心，不去跟风攀比，顺其自然地面对和接受当下的生活，就可以避免不少人际冲突和无谓的心理压力，不少烦恼也会迎刃而解，生活也会因此而变得轻松愉快、平静安宁。

4）注意转移，合理宣泄。个体很多时候产生的紧张、焦虑等负性情绪，都是过度关注那些令自己担忧的事物或情景造成的。这种过度的关注会使个体的负性情绪不断强化，心理压力不断增大，致使个体陷入心理问题困扰。因此，当某件事情或某种情境让个体感到心理压力过大、焦虑、烦躁时，提醒自己转移对这件事情或这种情境的关注，有意识地转而去进行体育锻炼、与朋友聊天、读书、娱乐等，做自己感兴趣的事；或者在一张纸上写下自己的烦恼和焦虑，然后把这张纸撕掉，以此使注意力得到转移，让负能量得到释放，让负性情绪得到合理宣泄，内心就会平静和舒畅起来，让负性情绪和心理问题得到缓解和消除。

5）从事锻炼，有氧运动。有氧运动可以说是调节和治疗很多身体和心理问题、疾病的有效"药方"。脑神经科学研究表明，运动可以改变大脑。每次 30 min 以上的有氧运动（如快走、慢跑、跳舞等）可以促进身体中一种被称为"快乐激素"或"年轻激素"的化学物质内啡肽的分泌，让人感到欢愉和满足，有助于排遣压力和不快。因此，当产生抑郁、紧张、焦虑等负性情绪时，可以遵循"357"原则（"3"指每次坚持 30 min 以上，"5"指一周坚持 5 次，"7"指运动后心率加上年龄约为 170）去进行体育运动，让负性情绪和心理问题得到有效缓解和消除。

6）目标适度，忌求完美。很多时候，过大心理压力的产生，是个体对自己要求过严、目标过高、过于追求完美所致。著名精神病学家、心理治疗专家许又新曾说过："过分的责任心是导致心理问题和心理疾病的根源。"既然过大压力和心理问题是目标过高或过于负责任、过于追求完美所致，那么，就要觉察到其可能对身心健康造成的危害，克服过于追求完美的偏激态度，从过分负责和过于追求完美的困境中解脱出来。以"岂能尽如人意，但求无愧于心"的态度做人做事，可以让生活变得从容自如、轻松愉快，避免过大的心理压力。

7）洒脱人生，该放则放。很多时候，过大的心理压力和负性情绪也是过于执着、不懂变通、始终不能放下导致的。因此，如果对待工作和生活中的人和事情不那么执着，不认死理，做到洒脱一点，看开一点，提得起，放得下，那么许多麻烦、压力和烦恼就能得到避免和消除。

8）理解宽容，换位思考。很多时候，压力、困惑和负性情绪，是人际关系中的矛盾和冲突所致。人际关系不和谐，往往与个体做事过于固执、处世过于偏执、不善于变通、不会换位思考、不能理解和宽容他人有关。因此，如果个体能够在处理人际关系时学会换位思考，站在对方的立场看问题，多点理解和宽容，少点计较和抱怨，就能避免或减少人际关系中的矛盾和冲突，缓解和消除由此而来的压力、负性情绪和心理问题。

9）培养情趣，丰富生活。培养一些业余爱好，多参加文体活动，丰富自己的业余生活，增加自己的生活情趣，是使压力得到缓解和消除、让对负性情绪的注意力得到转移的好方法。尽量在上班的时候高效率地完成该做的事情，养成上班的时候专注于工作、下班以后不说工作的习惯，工作之余多留出一点交朋结友和休闲娱乐的时间，让生活变得丰富多彩，就能让紧绷的神经得到调整和放松、负性情绪得到缓解和消除。

10）找人倾诉，求助咨询。如果个体没有能力缓解自己过大的压力和调适自己的负性情绪，那么找亲人和朋友倾诉是一个便捷、有效的方法。有时，只要将内心的痛苦和烦恼向别人诉说出来，马上就会产生如释重负的感觉。

现代人面临的压力越来越大、心理问题越来越多，树立"有心理问题，找心理医生"的观念和意识非常重要。当面临自己无能力调节的严重心理问题，亲朋好友也无法提供帮助时，及时寻求心理咨询师或心理健康指导专业人员的专业帮助，便是明智之举。

学习单元 2

人格及其完善指导

一、人格及其结构和特征

1. 人格的定义

人格是个体在先天遗传因素基础上，受后天社会环境影响形成的具有一定倾向性的、稳定的认知、情感、性格、价值观、行为模式等独特的心理特征的总和。简单地说，人格就是一个人表现出的区别于他人的稳定统一的整体精神面貌。

2. 人格的结构

人格包括人格心理特征和人格倾向性2个部分。人格心理特征包括能力、气质和性格，是一个人的典型心理活动和行为模式的表现，是区别个体间人格差异的集中特征。人格心理特征受先天遗传因素的影响，相对比较稳定。人格倾向性包括需要、动机、兴趣、价值观、理想、信念等，是人格中最活跃的动力结构，是决定个体发展方向的潜在力量，是人们进行活动的基本动力，也是人格中的核心因素。人格倾向性主要在后天社会化过程中形成，集中反映了个体的心理面貌和独特性。

3. 人格的特征

研究人格必须知道它的特征，才能将其与其他心理现象相区别。本教材综合心理学家关于人格特征的研究，总结出人格主要具有以下方面的特征。

(1)生物性与社会性。人格是在生物遗传因素和社会因素的共同影响下形成和发展起来的。因此,一方面,人格具有生物性,与生俱来的感知器官、神经系统和大脑在结构和功能上的一系列遗传因素特点,是人格形成的基础和前提条件。另一方面,人格的形成也在很大程度上受到社会文化、教养方式和教育内容的影响和塑造,如果先天遗传的生物属性脱离了后天人类社会活动的影响,也很难形成正常的人格,"狼孩"的例子就充分说明了这一点。

(2)稳定性与可塑性。人格的稳定性是指,个体的人格具有跨越时间和空间的一致性,不是个体在生活中暂时、偶然表现出来的心理特征。但是,人格的稳定性并不排除人格具可塑性的一面,只是人格的改变较为困难。随着社会现实和生活条件、教育条件的变化,年龄的增长和个体主观的努力,人格也可能发生某种程度的改变。在重大负性生活事件的刺激下,人格也会发生改变,甚至产生人格障碍。

(3)独特性与共同性。人格的独特性是指,人格具有明显的个体差异性,很难找到人格完全相同的两个人。这是由于构成人格的各种因素在每个人身上的侧重点和组合方式不同。但是,人格的独特性并不排斥人格的共同性,如生活在一定的社会环境或群体环境中的人,其人格就会逐渐呈现一定的共同性。

(4)统合性与功能性。人格是由多种成分构成的一个有机整体,具有内在统一性,即统合性,受自我意识的调控。人格统合性是心理健康的重要指标之一。当一个人的人格结构各方面彼此和谐统一时,其人格就是健康的。否则,可能会出现适应困难,甚至出现人格分裂。同时,人格还具有支配人的心理和行为功能的特性,即功能性,表现在人格决定一个人的价值取向、生活方式、人际交往方式等心理和社会活动模式,因而可以说人格可以决定一个人的命运,是人生成败的根源之一。当面对挫折与失败时,坚强者能奋发拼搏,懦弱者会一蹶不振,这就是人格的功能性的表现。

二、人格的发展完善

人格的发展完善,是指个体在成长环境的作用下,不断认识自我、提升自我、完善自我,让自己的人格得到健康发展和整合的过程。

1. 健全人格及其基本特征

(1)健全人格的定义。健全人格是指,构成人格的各要素及其结构是健康、完整、协调一致和前后一贯的,人格的各要素没有缺损和障碍,不存在变形、扭曲、冲突、异化的情况。具有健全人格的人是一个全面完整的人,具有协调、统一、稳定的自我。

（2）健全人格的基本特征。对健全人格的特征，不同的心理学家从不同的角度有不同的表述，其中"人格心理学之父"高尔顿·奥尔波特从人本主义自我实现的需求出发，提出了健全和成熟的人格的6个特征，这是最经典、最具实践意义的对健全人格特征的表述。奥尔波特提出的健全和成熟人格的6个特征如下。

1）具有持续的自我扩展的能力。人格健全的人能够积极广泛地参与社会活动，会参加挑战自己和超越自己的活动，他们不仅关心自己的福利，也照顾他人的福利。他们是处于向上发展的状态的，遇到问题敢于去探求真相。

2）能建立融洽的人际关系。人格健全的人有与他人热情交往的能力，能与他人保持亲密关系，无占有欲和妒忌心，有同情心，能容忍与自己在价值观和认知上有差别的人。

3）具有安全感和自我认同感。人格健全的人对自我的看法是积极的，能接受自己真实的样子，有安全感，不受个人的负性情绪支配，经得起不幸遭遇，有较高的挫折耐受力和应对挫折的能力。

4）具有客观觉知现实的能力。人格健全的人能够准确、客观地知觉现实，并且能实事求是地接受现实，不去歪曲事物真实的样子。他们喜欢钻研事物的本质，以事物的本质为核心，而不是以自我为中心。

5）具有客观认识自我的能力。人格健全的人有良好的自我意识，对自己的优点和缺点都十分清楚，能准确把握现实自我与理想自我，并能调整其相互关系，不会把自己的过失或弱点归咎于他人，也知道自己心目中的自己与别人眼中的自己之间的差异。

6）具有整合统一的人生哲学。人格健全的人有符合社会规范、属于自己的人生信念或人生哲学，以确保自己在人生的道路上不迷失方向，对待人生有定向，为一定的目的而生活，在意识形态、信念和生活方面能够对他人产生积极的、创造性的推动力。

2. 影响人格发展的因素

（1）生物遗传因素。生物遗传因素是人格形成的基础和前提条件，尤其是个体的能力、性格、气质等人格心理特征与生物遗传因素相关度较大。人格的发展是遗传与环境交互作用的结果，生物遗传因素影响人格发展方向及形成的难易。美国遗传学学者的研究表明，个体一出生，就有着确定的人格，因此，"性格是可以遗传的"之说不是毫无依据的。

（2）社会文化因素。社会文化因素对人格发展的影响极为重要。需要、价值观、信念等人格特质的形成与社会文化因素关系紧密。社会文化塑造了社会成员的人格，使社会成员的人格结构朝着相似性的方向发展。社会文化具有的塑造人格的功能，主要反映为不同文化的民族有其一定的民族性格。社会文化视角的研究表明，从情境的力量角度来看，人所处的社会和文化环境对人格发展的影响有时会胜过所有其他影响人格的因素。

（3）家庭环境因素。家庭虽然是一个微观的社会单元，但常被视为人格的加工厂，它在个体人格发展的过程中起着至关重要的作用。作为社会的细胞，家庭不仅有其生物遗传因素，也有其社会"遗传"因素。这种家庭的社会"遗传"因素主要表现为父母按照自己的观念和方式教育影响孩子，让孩子逐渐形成自己特有的人格，尤其是从出生开始的早期经历，对个体能否形成健康的人格影响巨大。

（4）学校教育因素。学校的办学理念、人际氛围和教师对学生人格的发展具有导向作用。尤其是教师的人格、行为模式与思维方式对学生的影响巨大。每个教师都有自己独特的风格，这种风格为学生设定了一个"气氛区"，在不同"气氛区"中，学生表现出不同的行为特点。教师的公平公正性对学生心理和人格发展也具有至关重要的影响。

学校是同龄群体聚集的场所，同龄群体对个体人格发展的影响也很大。班集体的人际氛围、舆论环境对学生人格发展起着关键作用。

（5）自我调控因素。个体的主观能动性在人格的发展过程中起着积极作用，一切外来影响都必须通过个体的自我调控才能起作用，这种调控可以保证人格结构中的各个要素的完整、统一与和谐。

三、人格发展完善的方法和途径

1. 树立积极健康的"三观"

人的"三观"是人格倾向性各要素中，对人的成长、发展和人生态度等起到引领作用的要素。"三观"正则成长、发展正常顺利；"三观"不正则成长、发展会偏离正常轨道，同时影响到个体的心理健康和生活品质。

2. 培养与社会角色相适应的社会理想意识

社会理想意识是人格倾向性的重要因素，也是个体投入积极的人生历程的动力因素，对个体实现有价值的人生也具有导向作用。社会理想意识主要包括忧患意识、使命意识、责任意识、价值意识等。

3. 培养坚强的意志品质

意志品质主要表现为面对人生不幸、挫折的耐受能力，在逆境时不颓废消极，在顺境时不忘乎所以，面对挫折、失败能够保持乐观的态度，具有百折不挠的精神，坚持不懈地为实现人生目标而努力。

4. 培养乐观阳光的性格

性格是人格结构中人格心理特征的要素，也是人格发展完善过程中需要重点培养的。因为性格决定了一个人的人生态度和为人处事的方式，从而决定了个体能否健康成长。

5. 培养良好的自我意识

自我意识是个体对自己身心状态及对自己与客观世界关系的意识。自我意识主要体现在个体对自己的生存生活状态及思维、情感、意志等心理活动的认识和评价。一个具有良好自我意识的人，能随时觉察自己的生存生活状态和心理健康状态，并自觉通过不断地自我觉察和反思调整自己的行为和心态，对促进自己人格的发展和完善非常有利。

6. 扬长避短，不断成长

扬长避短就是要发扬自身良好的人格特质，努力克服和纠正自身人格的弱点。每个人的人格总是多方面、多层次的，总有它的闪光点，也有它的灰暗面，因此不仅要认识到自己人格的长处和优势，并使之发扬光大，而且要知道自己人格的弱项和劣势，并努力加以克服，以实现人格的不断发展完善。

7. 丰富社会实践和人生阅历

丰富社会实践和人生阅历是人格发展完善的根本途径。在丰富的社会实践和多彩的人生经历磨炼和熏陶之下，人格才能不断得到发展和完善。

8. 积极交往，多参与社会活动

人格的培养和塑造实质上是一个社会化的过程，人格的健康发展离不开个体多与人交往，参加形式多样的社会活动。人格的培养应具有开放性和互动性。个体在广泛的交往和社会活动中，可创造性地汲取他人人格的精华，使自己的人格获得全面发展；还可借助他人对自己人格的反馈，及时调节自己的人格，使自己的人格得到优化。

四、人格异常的表现及调适指导

1. 人格异常的定义及类型

（1）人格异常的定义。人格异常，是指个体客观上已经形成的一贯性的个人生活风格和人际关系模式出现了异常表现。如果个体的"认知方式、情绪反应、人际关系、冲动控制"4个方面中至少有2项出现长时间持续的执拗与功能损害，与其文化背景所预期的走向偏离甚远，就可以认为其人格出现了异常。人格异常患者性格执拗，无法变通，难以适应生活上的变迁和压力，但当事者不觉得自己的行为有异，常会诿过他人，甚至出现给自己与他人都造成严重痛苦与伤害的行为。

人格异常是介于正常人与精神疾病之间的一种状态。"长时间持续存在"是人格异常的特征之一。

（2）人格异常的类型。人格异常可以分成3大类，共10种人格异常表现。第一类人格异常表现出古怪的行为，如妄想型人格异常、分裂型人格异常、精神分裂型人格异常等；第二类人格异常表现出戏剧性、情绪化及反复无常的行为，如反社会人格异常、边缘型人格异常、歇斯底里型人格异常与自恋型人格异常等；第三类人格异常表现出焦虑或害怕的情绪，如逃避型人格异常、依赖型人格异常、强迫思想与强迫行为人格异常等。其中反社会人格异常的人因常常做出伤害他人、违反规定或法律的行为而较受一般大众注意。

要强调的是，人格异常和人格障碍是不同的心理异常类型，主要体现在两者的发展历程不同。人格障碍起源更早，是从童年和青少年时期开始的，是在连续的成长历程中形成的，发展期更长；而人格异常是在人生的某个阶段产生的，属于后发性（多为突发性）的改变，多为重大生活事件或重大疾病所致。

2. 人格异常的评估

本教材前文介绍的心理健康评估方法，都可用于人格异常评估，常用的有调查法、会谈法、观察法、作品分析法、心理测验法等。

3. 人格异常的调适指导

（1）建立良好的指导关系。良好的指导关系，就是被指导者与心理健康指导专业人员间良好稳固的接纳、信任和沟通关系，这种关系是让心理健康指导活动取得良好效果的基础和前提条件。良好的指导关系，是遵循建立良好人际关系的方式方法，基于心理健康指导专业人员对被指导者的热情、尊重、真诚、共情和积极关注等良好态度建立起来的。

（2）引导被指导者觉知其发生了人格异常问题并知道其危害。人格异常的指导常采用心理辅导的方式，通过引导被指导者觉知自己已经出现了人格异常问题，并认识人格异常对自己心理健康和正常的学习、工作、生活的危害，激发被指导者对人格异常做出改变的动机和决心。

（3）给予支持性心理指导。支持性心理指导，就是通过积极、耐心的倾听，让被指导者感受到心理健康指导专业人员对自己的关心、理解和接纳，并引导、鼓励被指导者充分表达情绪，以减轻苦恼和压抑。同时，心理健康指导专业人员针对人格异常问题对被指导者进行相关教育，促使被指导者积极、乐观地面对人格异常问题，鼓励其调整好心态，树立积极改变的信心和决心，通过多种形式的自我调节活动，促进人格异常问题尽快得到解决。

（4）进行认知心理指导。心理健康指导专业人员通过采用认知治疗技术，引导被指导者认识人格异常发生的原因，改变不合理的负性思维模式和信念，从而实现认知重构，以理性的角度去看待、分析、面对和解决人格异常问题。

（5）进行家庭指导。由于人格异常很大程度上与不良的家庭教育方式和家庭环境相关。因此，在改变人格异常的同时，必须同步改变和消除引起人格异常的外部条件，即家庭教育方式和家庭环境，这就要进行家庭指导。只有家庭的问题解决了，个体的人格发展问题才能得到有效解决。

（6）进行自律自控指导。要让被指导者明白，人格异常的改善是一个艰难而长期的过程，需要培养自己自律自控的良好品质，通过经常对自己进行自律自控的提醒，尽量控制和避免不良人格行为的发生，逐步让人格异常问题得到有效的解决。

学习单元 3

自我意识的完善指导

一、自我意识的概念、结构及作用

1. 自我意识的概念

自我意识是个体对自己、对自己与他人及周围环境关系的多方面、多层次的觉知、体验和评价,是个体关于自己的思想、情感和态度认识的总和。自我意识是意识的核心部分,是人类特有的反映形式,是人的心理区别于动物心理的重要特征。与自我意识相关的概念主要有自我概念、自我同一性、自我认同、自我评价等。

2. 自我意识的结构

自我意识表现为认知的、情感的、意志的3种形式,即自我认识、自我体验和自我调控3个结构要素。

(1)自我认识。自我认识是自我意识的认知成分,包括自我认知和自我评价。其中自我认知是对自己身心特征的认识,包括对生理自我、心理自我和社会自我的认识。自我评价是在自我认知的基础上对自己做出的某种判断。自我认识主要解决"我是什么样的人"的问题,自我评价是自我认识中最主要的方面,集中反映了个体自我认识乃至自我意识的发展水平,也是自我体验和自我调控的前提。

(2)自我体验。自我体验是自我意识的情感成分,在自我认识的基础上,反映个体对自己所持的态度，包括羞怯内疚、自卑自贬、自爱自尊、自信自强、义务感、优越感、成就感、自我效能感等自我感受层次。

（3）自我调控。自我调控是自我意识的意志成分，指个体对自己心理活动和行为的主动调节与控制，包括自我理想、自我监督、自我塑造、自我控制、自我教育等层次。自我控制和自我教育是自我调控中的重要方面。自我教育是自我调控的最高级形式，自我教育能力的形成是自我教育的最高境界。自我控制是个体意志品质的集中体现，人们常说的自制力，就是自我控制能力。从某种意义上来说，自制力的优劣决定着学习、工作、生活的品质与成败。

3. 自我意识的作用

自我意识是个体内心世界的体现，对个体人格的发展和塑造起着至关重要的作用。自我意识的发展程度集中反映了个体的心理成熟程度和心理发展水平。自我意识是一个主观过程，每个人心理的自我比现实的自我对个人产生的影响要大，因此，培养完善的自我意识有助于个人的心理健康。

（1）对认知活动的促进提高作用。自我意识的存在，使人的感觉、知觉、记忆、想象、思维等认知活动更加具有自觉主动性、合理性和有效性。因为自我意识的存在，人不仅能有意识、有目的地对外部世界进行感觉、知觉、记忆、想象和思维，还能对这些认知活动有意识地加以分析、监督和调整。通过对自身认知活动的认知，人就有可能发现原有认知活动的不足，从而使认知活动更加完善，更加有效。

（2）对态度和行为的调节作用。人们在日常学习、工作、人际交往和团体活动中，由于可以自觉意识到自己在别人心目中的印象和在集体中的地位、作用，意识到自己负有某种责任或义务，因此可以自觉地调节情绪，把握和修正自己的态度和调控自己的行为，以尽可能地与周围环境保持良好的接触和适应，更顺利地融入社会人群、从事社会活动。

（3）对自我教育的推动作用。人的自我意识发展水平集中体现在对自我的认识和对自己优势和劣势所抱的态度上。自我意识可以让人自觉觉知自己的长处和不足，从而让自己有意识地去发扬长处，弥补不足，取得自我教育的积极效果。

（4）对意志发展的促进作用。意志是个体自觉地确定目标，并根据目标调节支配自身行动，克服困难，实现目标的心理过程。而意志又是以自我意识的存在为前提的。正是自我意识的发展完善，激发出人的意志力量。

（5）对个体的成长发展具有导向和内省调节作用。由于自我意识的存在，个体可以有意识地确立符合自身条件的人生目标和奋斗方向，从而激发自己的潜能和内在动力，做出积极的、不怕挫折的努力，朝着实现自己人生理想的目标而奋斗。

内省调节，就是个体有意识地对自己的生命状态和现实表现进行自我反省和自我调整，将做得好的继续发扬光大，做得不好的进行改进和弥补，让自己今后做得更好，向着自我实现的目标不断前行。这种内省调节的发生，也是以自我意识的存在为前提条件的。

（6）对心理健康的促进和维护作用。自我意识良好是个体心理健康的基础和标志。自我意识的发展程度集中反映了个体的心理成熟程度和心理发展水平。个体社会适应不良及人际关系不协调，主要是自我意识偏差所致。只有自我意识良好，才能正确认识、悦纳自己，合理分析自己与周围环境的关系，从而保持良好的社会适应和人际关系，促进和维护自身的心理健康。

二、自我意识完善的途径和方法

1. 客观认识自我

（1）通过自我认识自我。即通过有意识地自我觉察和认知，比较客观地认识了解自己，以清楚自己的人生态度和成长方向，克服活着的盲目性。认识自我的重要主题主要包括我有什么样的价值观、我活着的目的是什么、我的人生理想是什么、我有怎样的性格特征……

（2）通过他人评价认识自我。当局者迷，旁观者清。有时候一个人会不清楚自己是什么样的人，而他人对自己的评价则比较客观。了解他人对自己的评价，有助于客观地知道自己身上究竟有什么优点和缺点。因此，要虚心听取他人的评价和意见，同时客观、冷静地分析他人的评价和意见，以便多角度地认识自己，有意识地发扬优点、改正缺点，更好地成长。

（3）通过活动过程认识自我。如果说实践是检验真理的标准，那么参与活动则是检验个体的知识、能力、人际关系等方面素养的最佳途径。个体是否有这些方面的能力素养，能否顺利地投入活动、完成任务，可以通过活动过程明显地表现出来。

（4）通过反省来认识自我。反省，就是从我与自己的关系中认识自己，认识自己有什么需要、有什么长处和短处、为人处世存在什么问题、是不是一个受人欢迎的人等。形成自我反省的习惯，在不断的反省中改变自己，才能不断成长、完善自己。

2. 全然接纳自我

世界上没有完美的事物，更没有完美的人。每个人都是由长处和短处、优点和缺点组成的一个统一体。因此，客观接纳自己身上的所有特点，不纠结于自己的弱势和不足，既不自负，也不自卑，才能让自己的内心得到安宁和平静，维护自己的身心健康。接纳自我是一个人成长的开始，能全然接纳自我的人，也会收获更多的被接纳。

3. 有效调控自我

自我控制能力是自我意识中的重要部分，是个体对自身的心理和行为的主动掌握，是个体自觉选择目标，在没有外界监督的情况下，适当地控制、调节自己的行为，抑制冲动，抵制诱惑，延迟满足，坚持不懈地保证目标实现的一种综合能力。要做到自我调控，一方面要激发自我调控的动机，在思想上充分认识自我调控对个体心理和行为发展的必要性和重要性，同时坚信自我调控是可以学会并养成习惯的；另一方面要保证自我调控的经常性，随时通过不断反思得与失，促进自己不断成长。

4. 不断完善自我

完善自我是指个体在认识自我、悦纳自我的基础上，根据自己的个性特点，自觉规划行为目标，主动调节自身行为，积极挖掘自己的个性潜能，使个性充分发展以适应社会要求的过程。每个人都可以通过努力完善自我。

5. 勇于超越自我

所谓超越自我，就是让自己变得更加强大，更加聪明，更富有智慧，积累更多可支配的财富，拥有更加丰富的内心世界。当个体选择了一种生活目标时，就要义无反顾地走下去，无论面临怎样的困难和阻碍，都要用坚韧不拔的意志力去克服，全力为实现这种生活目标而努力。超越，既是一个过程，更是一个结果；超越，应该成为一种不断完善自我的生命常态。

三、自我意识偏差及其调适指导

如果个体对自己的认识、评价和调控不当，就可能在自我意识上出现偏差，使其不能保持良好的心态，不能正常与人交往，以致影响其心理健康和正常的学习、工作、生活。

1. 自我意识偏差的含义、表现类型及危害

（1）自我意识偏差的含义。自我意识偏差是指个体的自我意识偏离了正常发展方向，表现出一系列心理问题。

（2）自我意识偏差的类型及表现。自我意识过高或自我意识过低，会导致以下 3 类常见的自我意识偏差的发生：一是自我认识偏差，主要表现为自我中心和从众心理

等；二是自我评价偏差，主要表现为自卑心理和自负心理等；三是自我调控偏差，主要表现为过分追求完美心理、自我贬低心理、逆反心理和任性心理等。

（3）自我意识偏差的危害。自我意识过高的人，往往以自我为中心、固执任性，其人际关系中的矛盾冲突自然会比较严重且经常发生，极易遭受挫折并自我放弃，还可能会有过激行为和反社会行为；而自我意识过低的人，则容易产生自卑、自我否定、自我压抑和自我退缩等心理问题，给自己的心理健康带来比较大的负面影响，也会影响到自己的学习、工作和做事绩效。

2. 自我意识偏差的调适指导

（1）引导被指导者觉知自我意识偏差的存在及其危害。引导被指导者认识到自己存在自我意识偏差及其危害，才能使被指导者产生对调适自我意识偏差的重要性的认识和调适自我意识偏差的动机。

（2）促进被指导者提高自我意识水平。促进被指导者通过自我认识看到自己的力量，通过情绪体验保持健康的情感生活，通过自我监控形成良好的行为习惯，才能使其更好地进行自我教育和自我完善，从而使自己的人格获得健康发展。

（3）传授被指导者调适自我意识偏差的方法。引导被指导者选择前文提出的自我意识完善的方法和途径，有针对性地进行自我意识偏差的自我调节和自我矫治。心理健康指导专业人员可以跟踪被指导者的自我调节和自我矫治过程，同时有针对性地为被指导者提供激励性的心理支持和指导帮助。

学习单元 4

和谐人际关系的建构指导

一、人际关系及其影响因素

1. 人际关系的定义

人际关系是指人们在社会生活中,通过相互认知、情感互动和交往形成和发展起来的人与人之间的经济、政治、法律、角色、文化、心理等方面的关系。简单地说,人际关系,就是个体在社会生活中与各种社会人群交往所发生的多种关系。从心理层面来说,人际关系是人们为了满足某种需求,通过交往形成的彼此之间直接的、比较稳定的心理关系。它主要表现为人与人之间在心理关系上的亲密性、融洽性和协调性等联系的程度,如亲密、友好,或疏远、敌对等。

2. 人际关系的特点

(1)人际关系是社会关系的一个侧面。社会关系是社会角色之间的关系,是不以人的意志为转移的关系。而人际关系实质上是人们之间的某种情感关系,如亲子关系、夫妻关系、朋友关系、师生关系等,这些关系都是社会关系的一部分、一个侧面。

(2)人际关系以情感为纽带。人际关系总是带有鲜明的情绪与情感色彩,是以情感为纽带的。人际关系中的亲密或疏远、亲近或冷漠等情绪性表现,是人与人之间的心理距离的表现,是可以直接观察到的情感关系。

（3）人际关系以人的需要为基础。有需要才交往，没有需要就不会交往。因此，需要是建立人际关系的基础和动力。人际关系的好坏，主要反映了人们在相互交往过程中需要能否得到满足的心理状态。需要在交往中得到满足，人们的心理距离就会缩短；反之，心理距离就会拉大，甚至关系破裂。

（4）人际关系以交往为手段。人际关系是人们以交往为手段，努力消除陌生感、使心理距离贴近的结果。交往是人们交流信息、消除生疏、加深了解、获得肯定或否定体验的途径。同时，交往的频率还是人际关系亲疏的调节器。交往的频率越高，人际关系越亲近；交往的频率越低，人际关系越趋于淡化；当交往不存在的时候，原有的人际关系也消亡了。

3. 人际关系的影响因素

人际关系的好坏是由诸多因素造成的，这些因素主要包括持有的"三观"、个性特质、外在形象、阅历能力、相似性、需要的满足和交往的频率等。

（1）"三观"是否一致。"三观"是否一致是交往双方能否建立交往关系的首要条件。"三观"不同，尤其是价值观不同的人，在交往过程中会因认知的不同经常发生磕磕碰碰，甚至产生矛盾冲突，难以建立正常的交往关系，即便已经建立交往关系，这段关系也是难以巩固和长久的。

（2）个性品质。个性品质在与人交往中起着重要的连接或排斥作用。良好的个性品质是人际关系的基础。一个性格开朗、活泼，心胸开阔、坦荡，性情和善、豁达、宽厚，富有同情心，能体谅他人的人，易受到他人的欢迎，因而也易于同他人建立良好的人际关系。相反，一个以自我为中心、我行我素、执拗偏执、不尊重他人的人，或者一个性格孤僻畏缩、过分自卑的人，其个性品质容易阻碍人与人之间的吸引，难以进行正常人际关系的建立和维持。

（3）阅历能力。阅历的丰富度和能力的高低，也是影响人际关系的重要因素。人生阅历丰富的人，在人际交往中能给予交往对象更多的人生经验和启发，让人获益良多，因此更具吸引力。而聪明能干、善于谋略的人，可以更多地给人以智慧的启迪，为他人提供更多、更好的帮助，其言谈举止也会更让人赏心悦目，也会更具吸引力。

（4）外在形象。一个人的外貌、仪表仪态、气质风度等外在形象，对于给初次交往对象留下了怎样的第一印象，让交往对象感觉是否值得交往、今后能否深入交往具有很大的影响作用。但是，一个人的相貌是天生的，随着交往的深入，外在形象的作用将会越来越小，能否长久吸引、留住人，还是取决于一个人是否具有正直、善良、利他等良好内在品质。

（5）相似性。"物以类聚，人以群分"，强调的就是相似性对人际关系的影响作用。

人际关系双方的相似性主要指民族、宗教、政治、教育、年龄等方面是否相似，"三观"和人生态度是否相似等。"三观"和人生态度的相似性对人际关系的影响非常大，对具体事物有相同或相似的态度，有共同的语言、理想、信念和价值观，相互间就容易产生共鸣、理解、信任、支持与合作，从而形成密切的关系。具有相同的兴趣爱好的人，因为有共同语言，也会比较容易成为朋友。

（6）需要的满足。人际关系以人的需要为基础。如果双方的基本需要都能在交往过程中得到满足，其人际关系就会密切、融洽。如果双方的需要都不能在交往中得到满足，彼此之间就缺乏吸引力。如果人际关系中的一方的需要在交往中受到损害，已建立的人际关系也可能破裂。

（7）交往频率。交往频率对交往双方关系的亲疏也具有重要影响。交往频率越高，情感的连接也会越加紧密稳固，反之，则情感会越来越疏远。但是，过度频繁的交往也可能干扰对方正常的工作和生活秩序，会引起反感而导致情感疏远。

二、人际关系对心理健康的影响

亚伯拉罕·马斯洛提出的人的生理需求、安全需求、社交需求、尊重的需求、自我实现的需求等都与他人相关。正常的人际交往是满足这些需求的重要途径和方式，是实现个人自我价值感的必要和重要的渠道。离开了正常的人际关系，人的生存、学习、工作和生活都会面临不少困难和问题。因此，正确的人际交往态度、良好的人际关系、有效的人际沟通对于维持人的正常的生存生活和维护人的心理健康都极为重要。

1. 人的心理问题的产生，大多与人际关系中的矛盾冲突相关

不少心理问题和心理困扰的发生，都与人和人之间的矛盾冲突严重、人际关系紧张密切相关。新精神分析学家霍妮认为，神经症是人际关系紊乱的表现。人际关系紧张，是产生心理问题乃至心理疾病的最常见、最根本的原因。

研究表明，如果一个人长期缺乏与别人的积极交往，缺乏稳定、良好的人际关系，那么这个人本身就有明显的性格缺陷。处于紧张的人际关系中的人，不但会学习、工作不顺，事业受阻，而且会陷入负性情绪的极大痛苦之中。

最常见、最突出的人际关系紧张存在于夫妻关系和亲子关系中。权威调查数据表明，我国青少年的抑郁检出率为24.6%，即每4个青少年中就有1个发生抑郁。

研究表明，家庭关系紧张、缺少亲情甚至家庭破裂等，会使得成长中的孩子极容易受到抑郁症、焦虑症等的危害。在不良家庭生活环境中成长起来的孩子，极容易出现人格问题。

2. 心理健康总是与和谐的人际关系相伴

人际关系的好坏是心理健康水平的一个重要指标。心理健康水平越高,个体与人的交往就越积极,越符合社会的期望,与人的关系也越紧密。奥尔波特发现,个性成熟的人都同别人有良好的交往与融洽的关系,他们可以很好地理解别人,容忍别人的不足和缺陷,能够对别人表示同情,具有给人以温暖、关怀和爱的能力。马斯洛发现,高水平的"自我实现者",对别人有更强烈、更深刻的友谊与更崇高的爱。还有研究结果表明,那些高心理健康水平者,往往来自人际关系良好的家庭,这也从一个侧面提供了人际交往状况影响个体心理健康的证据。

3. 和谐人际关系可以降低心理压力,预防心理疾病

人际关系和谐,人与人之间互相关心,互相爱护,互相帮助,矛盾冲突少,有利于降低心理压力,缓解负性情绪,维护身心健康。人际关系恶劣,缺乏知心密友,有了心理困扰不能向人诉说,只能把所有的问题都压抑在自己心中,负性情绪得不到疏泄,很容易使心理问题郁积起来一直困扰自己,长此以往可能发展为心理疾病。

三、建立和谐人际关系的定义、原则、方法与技巧

1. 和谐人际关系的定义

和谐的人际关系是指人与人、人与人群、人群与人群之间的一种彼此从善友爱、崇德正心、平等尊重、真诚互信、礼让接纳、理解包容、需要互补、协调共存、共同发展、共同成长的和谐融洽关系。

和谐人际关系表现为有社会兴趣,善于协调合作;从他人的角度看问题,既对自己负责,也对他人负责;对人不苛求,主动发现他人的优点,欣赏他人的成功;主动关怀和帮助他人,从中体会到做人的价值;当面临个人难以应付的压力情境时,乐于接受、主动寻求并善于利用他人所能提供的社会支持,包括工具性的社会支持和情感性的社会支持。

2. 建立和谐人际关系的原则

和谐人际关系的建立,必须遵循一定的原则。违背了这些原则,则正常的人际关系就难以建立和维持。

(1)平等尊重原则。要把他人看成与"我"一样的人,人与人应该是平等的。爱人者,人恒爱之;敬人者,人恒敬之。尊重他人是受他人尊重的前提条件。平等尊重

是建立和谐人际关系的黄金法则。

（2）坚守界限和底线原则。坚守界限就是清楚人际交往中哪些东西是不能越界的；坚守底线，就是懂得哪些东西是不能触碰的。在人际交往中，要以不违反社会道德和法律法规为底线。例如，非婚异性朋友之间交往要保持一定的距离。朋友之间也要保持适当的距离，给彼此一些私密空间，友谊才能更加长久。

（3）互惠互助原则。人际交往始终是双向选择、双向互动的。交往中，双方都要考虑大家的共同利益，要互相关心，互相帮助，在从对方处获得利益后，要做到给对方以回报；在满足对方需求的同时，也获得对方的回报，你来我往，关系方可长久巩固。互惠互助的前提，是利他。利他不仅是成全他人，也是成就自己。

（4）诚实守信原则。诚实守信是一个人立足社会的"名片"。信用是做人最重要的无形资本。诚实守信的人不算计他人，让人有安全感，他人可以与其放心交往。口是心非、阳奉阴违的人，永远都不会有真诚的朋友。

（5）相互信任原则。相互信任是所有人际交往的基础，缺乏信任是糟糕的人际关系的最好定义。没有信任，相互猜忌，不会有和谐的人际关系。要取得他人的信任，先要信任他人。

（6）宽容谅解原则。宽容是互赠的礼品，谅解是情感的纽带。严以律己，宽以待人，以责人之心责己，以恕己之心恕人，是人际关系的黏合剂。持宽容谅解的态度，朋友关系才不会破裂。

（7）豁达大度原则。豁达大度，就是在与人交往中，性格开朗，心胸开阔，对人友善，不斤斤计较。豁达大度也是一种美德，是乐观、豪爽、洒脱的做人态度。豁达大度的人与他人的冲突少，对他人的非议也不会放在心上，会有非常好的人缘，且能保持平和宁静的内心，利于维护自己的心理健康。

（8）不卑不亢原则。在与人交往中，应推崇人格平等，做到逢软不欺，逢恶不怕，自尊自信，不卑不亢，做人堂堂正正，没有傲气但不失傲骨，表现出做人的气度。不卑不亢的人，不仅能很好地保护自己，而且能受到他人的尊重。

3. 建立和谐人际关系的方法与技巧

建立和谐的人际关系，除了要遵循以上与人交往的原则，还要掌握正确的方法和技巧。

（1）"三观"端正。"三观"端正的人心态阳光，性情开朗，为人正直善良，乐于助人，不危害他人，内心充满正能量，让人具有安全感，人们就很乐于与其交往。"三观"端正利于建立和维持长久的友好亲密关系。

（2）热情大方。热情大方，是指一个人具有主动交往、注重礼貌礼节、关心他人、热心助人、让人与其接触时感到舒服和温暖的良好个性。对人热情大方的人很受人欢迎，因而会具有更好的人缘和更多的朋友。

（3）不昧良心。良心就是慈悲善良的心性，这是做人做事和人性的底线，是一个人良好品质的体现。不昧良心，真心待人，堂堂正正做人，是建立和谐稳定的人际关系的保证。

（4）具有共情能力，以心交心，以心换心。共情是站在对方的立场，去理解、体会其想法和感受，并将这种理解和体会反馈给对方的能力。人心都是相互的，你希望别人怎样对你，你就要怎样去对别人。你对待别人的方式，就是别人回馈你的方式。不管是友情还是爱情，都要真心以待，珍惜彼此，以心交心，以心换心。在人际交往中，应记住这样4句话：一是把自己当成别人，用责人之心责己，严以律己；二是把别人当成自己，用恕己之心恕人，换位思考；三是把别人当成别人，尊重、理解别人；四是把自己当成自己，关爱自己，活出自己。

（5）不计较、不抱怨、不指责。计较、抱怨和指责，是破坏人际关系，尤其是亲密关系（亲子关系、夫妻关系、友朋关系）的三大无形"杀手"。不少亲密关系中的冲突都源于计较、抱怨和指责。因此，要建立和谐的人际关系，就须做到不计较、不抱怨和不指责。

（6）具有利他之心，助人为乐。在与人交往中，具有善良仁爱、利他之心，做到与人为善，助人为乐；看到他人的成功，怀有同样的喜悦，为之祝贺；看到他人的不幸，怀有恻隐之心，热情地去帮助他人的人，更能取得他人的理解、尊重和信任，也更能吸引他人，自然会有更好的人缘和更和谐的人际关系。

（7）不强求别人服从自己。刻意去改变他人，不仅是自寻烦恼，而且会让关系更加疏远。改变能改变的，接受不能改变的，随遇而安，顺其自然地接纳、适应周围的人和事，人际关系才能更加和谐，内心也会得到更多的安宁。

（8）心存感恩，知恩图报。我们的周围有很多值得我们感恩的人或事，如父母的养育之恩、师长的教育之恩、师傅的传技之恩、朋友的相助之恩等。时时怀感恩之心，尽力回报关心、爱护、帮助过自己的人，同时努力去关心、爱护、帮助需要帮助的人，更能获得人们的尊重和亲近。

（9）学习交往技能，提升交往能力。人际交往是一种能力，也是一种技术，可以通过学习和训练来培养和提高。交往技能主要有以下几点：一是察言观色技能，能够揣测他人之心，才能采取让他人舒服的应对方式；二是微笑技能，微笑是人际交往中一封永恒的介绍信；三是倾听技能，倾听的本质是尊重；四是欣赏和赞美技能，任何人都希望得到他人的认同和赞赏，从而感受到自己的存在感和价值感；五是自我调控技能，在与人交往中，要针对不同的交往对象，采取不同的应对方式，学会调节和控制自己的言行。

四、常见人际关系心理问题及其调适指导

1. 常见人际关系心理问题概述

人际关系的好坏往往能反映出一个人心理健康水平的高低和社会适应能力的强弱。具有正常、健康的人际关系，是一个人安定高效地学习、工作和快乐幸福地生活的必要条件。

常见的人际关系心理问题有自卑心理、自负心理、偏执心理、逆反心理、孤僻心理、嫉妒心理、猜忌心理、戒备心理、羞怯心理、嫉恨心理、冷漠心理、自我中心心理和社交恐惧等。这些人际关系心理问题，不仅严重影响到个体的心理健康、人际交往、学习、工作和生活，还可能发展为心理障碍；有的人际关系心理问题还可能导致负性事件的发生，成为家庭、团体、社会的不稳定因素。因此，对人际关系心理问题的调节和消除十分重要。

2. 常见人际关系心理问题的调适步骤及方法

（1）调适人际关系心理问题的步骤

第一步，觉察到人际关系存在问题。清楚觉察到自己存在人际关系心理问题，并认识到这些人际关系心理问题对自己正常的学习、工作和生活造成了不良影响，才能促使自己产生调适这些心理问题的动机，从而主动去调适这些人际关系心理问题。

第二步，探寻问题产生的原因。探寻人际关系心理问题产生的原因，是个性缺陷、在现实生活中受到某种打击或挫折、不良的成长环境、自己缺乏人际交往能力和技巧，还是其他方面的原因。清楚了原因，才能有针对性地去加以解决。

第三步，确立决心。在内心深处确立一定要消除自己的人际关系心理问题的信心、信念和决心。

第四步，确定方法。寻找和确定具体采用哪些方法可以调适和消除自己的人际关系心理问题，如改变认知和个性缺陷，通过学习掌握人际交往技巧，通过实践培养人际交往能力，用恰当的方法化解人际关系挫折或创伤，通过接受心理咨询或心理指导和自己的努力去消除人际关系心理问题等。

第五步，付诸持续行动。对于人际关系心理问题的调适和消除，关键的是要付诸行动，没有行动一切都是枉然。人际关系心理问题涉及应对复杂的人际关系，其调适和消除是一个艰难、曲折的过程。只有付诸切实行动并长期坚持下去，才能实现调适

和消除人际心理问题的目标。

（2）调适人际关系心理问题的常用方法。调适和消除人际关系心理问题，除可以运用本教材前文中介绍的建立和谐人际关系的原则、方法和技巧外，还可运用以下方法。

1）客观评价、接纳自己。在人际交往中，只有充分地认识和了解自己，不仅知道自己的优点和长处，也知道自己的缺点和不足，既不高估自己，也不贬低自己，坦然地接受自己的缺点和不足，才能避免在与人交往时产生自负自傲或自卑自贬等心理问题，不会因自负自傲心理而让别人远离自己，也不会因自卑自贬心理而不敢与人交往。

2）信任他人，学人长处。人与人之间和谐稳固的人际关系，一定是以相互信任为前提和基石的。培养、形成信任别人、学习别人长处的良好品格，就可避免和克服戒备和猜忌心理，放心大胆去与人交往，也会觉得正常的交往并不是什么难事。

3）积极心态，看人好处。在人际交往中，树立积极正性心态，往好处看待他人，不仅能感受到人性的美好，而且能获得更多的正能量。同时也要对自己有正性的评价，不要太在意别人的评价，就会减少不少烦恼，利于自己轻松自在地去与人交往。

4）多参加群体活动。克服羞怯心理，以开放的心态，有意识地要求自己主动交往、大胆交往，多融入社会群体，多与人交流，就能为自己创造一个良好的人际交往环境，享受和体验人与人之间的温暖和情谊。

5）调换角色，心理换位。与他人发生矛盾冲突，产生敌对、愤怒等强烈情绪问题时，如果能够调换一下角色，站在对方的立场想一想"如若我是对方会有怎样的反应"，就更容易理解对方，缓解负性情绪，从而改变之前对待对方的态度和方式，矛盾冲突也可能因此而得到化解。

6）改变应对方式。所有类型的人际关系都有一个共性，那就是我们无法控制他人，只能控制自己的应对方式。人际矛盾冲突的发生一定与双方的问题应对方式有关，此时，如果矛盾的一方能及时觉察到自己的应对方式出现了问题，并改变应对方式，那么人际矛盾冲突可能就会迎刃而解。

7）寻求社会支持。当人际关系心理问题严重影响到自己的心理健康和正常学习、工作和生活，自己又没有能力解决的时候，可以先寻求自己信任的家人或朋友的帮助，如果家人和朋友也无法提供有效帮助，可去向心理咨询师或心理健康指导专业人员寻求专业的帮助。

学习单元 5

压力管理及调适指导

一、应激与压力的含义及关系

1. 应激的含义

现代心理学认为，应激是个体面对外界环境构成的威胁和挑战时做出的适应性应对反应。引起应激的外界环境称为应激源，应激源可以是生物的、心理的、社会的、文化的。应激反应可以是生理的、心理的。应激过程受个体多种内外因素的影响，认知评价在应激过程中起着重要作用。

应激的心理反应主要表现为情绪反应和行为反应。应激的情绪反应主要表现为焦虑、恐惧、抑郁、愤怒等，应激的行为反应主要表现为逃避与回避、敌对与攻击、固着与僵化、物质滥用等。

2. 压力的含义

压力是个体在生活适应过程中，外部事件的刺激与自身应对能力不平衡引起的一种身心紧张状态，这种紧张状态倾向于通过非特异的心理和生理反应表现出来。简单地说，压力是个体对压力事件不适应而形成的一种生理和心理紧张状态。

个体并非受到任何刺激都会形成压力，只有当个体意识到所发生的外部刺激让自己难以应对时，才会形成压力。压力从认知、情绪、行为3方面表现出来，伴有持续

紧张的情绪、情感体验。

3. 应激与压力的联系和区别

不少心理学者把应激和压力相提并论，或者把它们视为同一概念的不同表述。但是，本教材认为虽然应激与压力密切相关，却并非同一概念，它们是有明显区别的。

应激与压力具有密切联系。应激一定是在具有压力的前提下发生的，也就是说，没有压力，应激就不可能发生；而且，应激和压力都有可能让个体产生危机心理。但是，应激与压力也是有区别的。一是压力状态并非就一定表现为应激状态，现实生活中人们面对的更多的是压力而不是应激；二是二者的刺激事件的严重程度不同，压力往往来自心理的、社会的、文化的、生物的各种生活事件，大大小小的生活事件都可能引起压力，但是，引起应激的却是让个体感受到重大威胁或挑战的刺激事件；三是二者产生的时间不同，压力在生活的每时每刻都可能产生而且可以被预料，而引起应激的刺激事件的发生却出乎人们的意料，其发生具有瞬时性或突发性。

二、压力源及其分类

1. 压力源的定义

任何能够被个体知觉并产生正性或负性压力反应的内外环境或事件，都是压力源。

2. 压力源的分类

按对个体的影响，压力源可分为3种类型。

（1）生物性压力源。这是一组直接影响个体生存与种族延续的事件，包括躯体创伤或疾病、饥饿、性剥夺、睡眠剥夺、噪声、气温变化等。

（2）精神性压力源。这是一组直接影响个体正常精神需求的内、外部事件，包括错误认知、不良经验、道德冲突及不良个性心理特点（如易受暗示、多疑、嫉妒、自责、悔恨、怨恨等）。

（3）社会性压力源。这是一组直接影响个体社会需求的压力源，可分为两类：一类是纯社会环境性压力源，如重大社会变革，重要人际关系破裂（失恋、离婚），长期家庭冲突，战争，被监禁等；另一类是个体障碍性压力源，如个人患重大身体或心理疾病，面临人际适应问题（如恐人症、社会交往不良）等。

三、压力对身心健康的影响

适度的压力是人的内在动力源泉之一。适度的压力，可以促使人奋发进取，勇于接受挑战，勤奋不止，保持生命的活力，认识自我能力，使做事的绩效水平提高，促进事业成就的获得，让人生变得更有意义，利于个体的不断成长。

如果一点压力也没有，人就不会有动力，就会懒惰下来，饱食终日，无所用心，失去生命活力，人生没有意义和价值，最终将一事无成。没有压力本身就是一种压力，它的名字叫作空虚。空虚感，是一种比死亡更没有生气的状况，一种虽然活着却感觉不到自己仍活着的巨大悲哀。

过大压力可能让人的专注力降低，记忆力衰退，判断力下降，难以专心于学习、工作。过大压力还会导致焦虑、抑郁、易激惹、无助绝望、情绪低落、惊惶、困扰、烦躁、心神恍惚等负性情绪发生。

过大压力还可能会造成反常行为，如精神萎靡、举止古怪、无故旷工、敷衍问题、推卸责任、人际关系恶劣、语言问题增加、失眠或睡眠过多、食欲不振或过强、兴趣和情欲减弱等。

研究表明，持续的压力状态能击溃一个人的生物化学保护机制，使人的抵抗力降低，容易患身心疾病。研究发现，有 50%~80% 的疾病都与心理问题或过大压力有关。过大压力与任何疾病（包括心理疾病和身体疾病）都可以发生联系，所以说"过大压力是万病之源"一点也不为过。因此，形成觉知压力、科学进行压力管理的能力，掌握对过大压力的调节方法，把压力调控在正常范围之内，是维护身心健康所必需的。

四、学会压力管理，维护心理健康

1. 压力管理的概念

压力管理是指个体有意识地对自己日常学习、工作和生活中承担的压力进行科学的控制和调整，让压力保持在相对正常的范围之内，以实现维护身心健康、提高生活品质的目的。简单地说，压力管理就是个体主动调控压力。

2. 压力管理的方法

（1）追求目标适度。人生需要有目标，没有目标，人生就会失去奋斗方向和前进动力。但是，人生目标必须根据自己拥有的环境条件和自身的能力条件来确定。否则，目标过低，就会缺乏内在动力，难以实现人生价值；目标过高，会让自己疲惫不堪，长期处于过大压力之中，身心健康受损，甚至丧失对自己的信心。

（2）降低生活欲求。欲望驱使的攀比心就是一个无尽的黑洞，无论用多少奢华高级的物质都永远无法填满。热衷跟风攀比的人，易面临负债压力，虽然表面上生活奢华，可是一天也不能过上平静的日子。因此，要让自己的生活平静而安稳，应适当降低自己的物质享受欲望，量入为出。简单的生活，才是最好的生活。

（3）和谐人际关系。人际关系是一个常见的、容易给人带来负性压力的压力源。人的心理困扰和负性情绪等严重心理问题的产生，大多源于不良的人际关系导致的内心冲突。因此，重视建立和维持和谐的人际关系，不仅对避免或减少人际冲突负性压力、维护身心健康至关重要，而且对获得平静安宁、快乐幸福的生活至关重要。

（4）学会正面思考。一个人思考和看问题的方式是积极、正性的，还是消极、负性的，对一个人的情绪和压力的影响也很大。凡事往好处看，心态阳光，具有积极、正性和乐观个性的人，一般比凡事往坏处想，心态灰暗，具有消极、负性、悲观个性的人面临的压力要小很多。

（5）科学安排任务，提高做事效率。通常，产生过大压力的一个重要原因是不能科学地安排工作任务，没有通过科学管理去提高做事效率，以致让自身常常陷于手忙脚乱、紧张焦虑、疲惫不堪的状态。因此，减轻过大压力的一个很有效的方式，就是养成分清轻重缓急、科学地安排事务的习惯，做到有条不紊地开展工作，提高做事效率。具体方法就是把每天的事务按轻、重、缓、急分成几个层次，先做最重要、最紧急的事情，再做次重要、次紧急的事情，最后做必须做，但不是那么重要和紧急的事情，那些可做可不做的事情就干脆不做。做到了这样有条不紊、从容不迫地面对自己的工作，工作效率提高了，过大的压力自然也就减轻或消除了。

（6）放慢工作节奏。要防止压力长期积累和过度疲劳，就要把自己过快的工作节奏放慢下来，适时暂停一下，做到工休兼顾，劳逸结合。当休息放松好、调整好压力和消除疲劳之后，就会有更充沛的精力，能更高效地去做事。

（7）避免追求完美。因为世界上永远也不会有完美的人和事，所以追求完美是让人陷入长期过大压力，使人身心疲惫、永远也得不到身心放松的罪魁祸首。追求完美也是导致抑郁症、焦虑症、强迫症等心理疾病的一个不良人格因素。因此追求完美不仅不是优点，反而是一个很大的性格缺陷，如果自己有完美主义特质，要尽力去克服它。

（8）形成健康生活方式。充分的睡眠、合理的饮食、适量的运动、平衡的心态，是提高对压力的适应能力，维护身心健康的保障。有个人兴趣爱好，生活有情趣，是让人心情舒畅，调节疲惫身心，舒缓过大压力的有效方式。

（9）学会理性放弃。如果追求的东西超出了自己的能力范围，无论如何都无法完成，那么因此所施加给自己的压力就是没有必要的。最明智的做法，就是果断地放弃这一追求。

（10）学会拒绝。帮助别人是一种美德，但是凡事有求必应、不会拒绝，却会让人陷入忙于应付琐事的苦恼、困境。因此，如果能够做到适时说"不"，就可以减少本不应该由我们去面对和承担的麻烦，从而可以避免无谓的困扰和压力。

五、过大压力的调适步骤和方法

1. 过大压力的调适步骤

对过大压力的调适，主要包括以下步骤。

第一步，对过大压力的觉知。对过大压力的觉知，就是随时觉察自己是否已经面临过大压力。意识到过大压力的存在，才能引起对过大压力的重视。

第二步，分析压力源来自哪里。找到压力源，才能有目的、有针对性地选择适当的方法对压力进行调适。

第三步，选择适当的方法调适过大压力。

第四步，形成适时调适压力的能力和习惯。

调适压力的能力和习惯一旦形成，就可以成为一种自觉行为，这对让压力保持在适度范围内，维护身心健康很有益处。

2. 过大压力的调适方法

（1）科学管理压力的相关方法，都可用于调适过大的心理压力。例如，如果个体的过大压力来自追求的目标过高，降低目标压力就减轻了；如果个体是一个完美主义者，容许自己的工作有失误，容许自己有缺陷，压力就自然减轻了。

（2）直面接纳压力。人生不如意事常八九，在人生的旅途中，压力、困难、挫折是不可避免的。因此，遇到压力情境不必焦虑和抱怨，容许压力存在，敞开胸怀去拥抱、接纳压力，与压力做朋友而不是视压力为敌人，再大的压力也都不是什么事了。对于个体无法操纵、控制和改变的事，用平和冷静的接纳态度去面对，才能避免抱怨、焦躁等情绪导致的更大心理困扰的发生。

（3）改变对压力的认知。有压力并不一定是坏事，适度的压力有助于激发和调动人们的内在力量去完成目标。有时过大压力的产生，也可能是由于个体把困难和问题夸大化了。压力情境多数是可以控制的，改变对压力的认知，摒弃自己对压力无能为力的外控观念，直面压力，善用各种有利因素，采取科学的方法应对压力，压力自然就不会对身心健康造成危害了。

（4）修习正念。坚持每天 10 min 以上的正念冥想训练，对平复内心压力和负性情绪非常有用。正念冥想训练的主要技术有身体扫描、正念呼吸、正念瑜伽等。

学会在内心对自己说正念理念的以下 3 句话，对调适过大压力也非常有用。

1）"算了吧！"对于一个无法改变的事实，最好的办法就是接受这个事实。

2）"不要紧！"不管发生什么事情，哪怕是天大的事情，也要对自己说："不要紧！"积极乐观的态度是解决任何问题和战胜任何困难的第一步。

3）"会过去的！"天不会总是阴的，生活也是如此。

（5）学会重构问题。很多时候，个体的态度和个体设定的心理期望可能是造成压力的主要原因。因此，重新定义看待压力的方式和态度，会让个体具有控制感，从而增强个体调控压力的信心。

（6）看淡名利地位。过分执着于对名利地位的追求，致使自己要去面对更多难以打交道的人和更多复杂棘手的场面，是不少人让自己陷入长期持续的压力状态的一个重要原因。因此，看淡名利地位，就会得到卸下重负的释然愉悦之感。

（7）有意转移注意力。当遭受挫折，出现过大压力时，适当安排一些健康的娱乐活动，例如去户外走走，可以使注意力得到转移，对缓解心理压力很有好处。

（8）坚持有氧运动。大脑的能量来源于运动。有氧运动可帮助个体降低身体中的压力激素（如肾上腺素和皮质醇）水平，同时还会刺激大脑产生一种身体的天然"愉悦药"内啡肽，帮助个体处理压力、提升正性情绪。

（9）快速放松减压的方法。可以在一天中多次用 2 min 进行放松，以减轻压力。具体方法很简单，就是将身体的重量从脚部移开，坐下或躺下，闭上眼睛，让全身的肌肉放松，缓慢地进行深呼吸，在脑海中想象一个积极的画面或快乐的场景。每天做 5~10 次，压力将会减少，并能提升身心健康水平。

（10）寻求社会支持。争取亲朋的理解、支持与帮助，可以有效减轻挫折感，改变内心的压抑状态，让个体的过大压力得到疏泄，身心得到慰藉。尤其是与心态阳光、积极乐观的人在一起，会让人得到更多的正能量，会对压力和情绪产生积极的影响。如果压力过大，让自己无法承受，又没有办法和能力进行调节，那么心理咨询师或心理健康指导专业人员的专业帮助，会是一种有效缓解压力的社会支持。

学习单元 6

情绪管理及调适指导

一、情绪及其产生的心理机制

1. 情绪的定义

情绪是指人对客观事物是否符合自己的需要和认知产生的主观体验和行为反应。情绪既是对客观现实的反应，也是一种主观体验。客观事物使人产生什么样的情绪体验，是以当前人的需要和认知为中介的。当客观事物符合人的需要和认知时，就能使人产生满意、愉快、喜爱、欣赏等正性的情绪体验。反之，则会使人产生不满、沮丧、忧愁、厌恶等负性情绪体验。

2. 情绪产生的心理机制

为了在实践活动中更好地调控情绪，使情绪发挥其积极作用，有必要知道情绪产生的心理机制。了解决定情绪的因素，有助于把握情绪调节的关键。

（1）客观事物与人的需要的关系是决定情绪的主要因素。情绪是主客观之间某种关系的反应，个体的需要便是其中的一个重要中介。同一客观事物在不同的人身上会引起不同的情绪反应，很大程度上与不同的人的需要不同有关。因此，决定个体情绪的一个重要因素，就是客观事物与个体的需要之间的关系。

（2）客观事物与人的预期的关系是决定情绪的重要因素。预期是一个人根据自己的经验、习惯对客观事物做出的一种事前估量，属于认知范畴。人的绝大多数行为活动都伴有预期，这是人的意识活动的超前反映的表现。大量的研究发现，预期也是客观事物影响情绪的一个重要中介，客观事物与预期的关系是决定情绪发生的又一重要因素。

（3）认知评价是决定情绪的产生的关键因素。现代认知心理学不少研究成果都充分肯定了认知评价在情绪的产生中的作用，认为情绪的产生取决于人对情景的认知评价，认知评价能够确定刺激情景对人的意义。这里的"意义"包括客观与需要和客观与预期两方面关系。客观事物与需要、预期的关系如何，最终受到人头脑中的认知评价的影响，这种认知评价会受一个人的知识经验、思想观念、信念和价值观等个性心理倾向的影响。最经典的情绪产生的认知评价因素理论就是认知心理学家埃利斯的"情绪 ABC"理论，这个理论在心理咨询、心理健康指导中都非常适用。

二、情绪对身心健康的影响

情绪是人内心世界的晴雨表，人对生活的感受都体现在情绪中。几乎每个人的生活都受情绪的影响和控制，在一定程度上情绪左右甚至决定了人的生活和生命状态。

1. 情绪会影响人的个性发展

情绪良好的人往往对生活充满热爱，对自己充满自信，思想活跃，乐于与人交往，能与人建立相互信任的关系；长期生活在抑郁、忧郁或恐惧情绪下的人，自卑退缩，离群独居，与人交往能力差，很难融入社会人群。

2. 情绪会影响大脑功能

正性情绪能促进大脑功能，提高智力活动水平，提高学习和工作效率；反之，负性情绪会让大脑功能失调，影响认知活动，导致思维迟缓，注意力不集中，记忆力下降，学习、工作效率下降。焦虑、抑郁情绪长期得不到调节可能使大脑功能受损，发展为心理疾病。失控的情绪具有毁灭性的力量。

3. 情绪会影响人的自我认知和评价

在正性情绪状态下，人会对自己产生积极的认知和评价，会让人更加自信；反之，人处于负性情绪状态时，会降低对自我的认知和评价，会做出"我总是失败的""我没有能力"等错误归因，从而削弱人的自信心。

4. 情绪可以致病也可以治病

负性情绪对人的身心健康影响极大，在压抑、紧张、焦虑、恐惧等负性情绪的长期作用下，人的免疫功能会下降，容易患各类传染性疾病，大脑和内脏器官功能也会受到损害，会出现失眠、脱发、神经衰弱等症状。正性情绪可以直接作用于脑垂体，维持内分泌的平衡和正常的免疫功能，使全身各系统、器官的功能更加协调健全。正性情绪还可激发和调动人体的治愈功能，利于身体和心理疾病的治疗和康复。

5. 中医心理学关于情绪与身心健康关系的见解

中医心理学认为，情绪对身心健康的作用，主要体现在其对人体气机运行的影响："怒则气上，喜则气缓，悲则气消，恐则气下，惊则气乱，劳则气耗，思则气结。"中医认为五脏的健康是健康之根本，而负性情绪对五脏的伤害尤其重大。"喜伤心，怒伤肝、悲伤肺、思伤脾、恐伤肾、惊伤胆"表明了中医认为的各种情绪对于相应脏器的损害。中医还将五行与脏器对应、脏器与情绪对应，并通过运用它们之间的相生相克关系，来治疗情绪问题，即所谓"以情胜情"，如"怒伤肝，悲胜怒；喜伤心，恐胜喜；思伤脾，怒胜思；悲伤肺，喜胜悲；恐伤肾，思胜恐"。中医强调，情绪因素可以致病，也可治病，推崇"恬淡虚无，真气从之，精神内守，病安从来"的维护心理健康的原理。

从以上论述可以看出，情绪对身心健康的影响极大，学会情绪管理，及时调节负性情绪，是维护身心健康的重要途径。

三、学会情绪管理，维护心理健康

情绪管理，就是通过对自己情绪的觉察和调节，让情绪得到适度的表达，将情绪把控在正常范围之内。情绪管理不是要去除或压制情绪，而是让情绪的性质和表达方式得到合理的调整。

情绪管理的指导思想，是遵循人本主义原理，进行自我关怀，提高对情绪的自觉掌控意识，调节负性情绪，保持乐观心态，使自我的人格、情绪得到发展完善，使人的价值得到充分体现，实现维护身心健康、提高生活品质、提升幸福感的目的。

1. 学会情绪的"加减乘除"

做好情绪管理，不妨学学"加减乘除"。在生活乐趣上做加法，多交益友，增强生活活力，增加正性情绪；在对外界的期待上做减法，不对别人有过高期望，也不对自己的需要有过多期待，减少负性情绪；在内心状态上做乘法，把正性情绪攒起来，将

小快乐累积成大快乐；在不顺心事上做除法，及时合理宣泄或向人倾诉，消除负性情绪，减轻压力。

2. 负性情绪哪里生哪里丢

一方面不要把生活中的负性情绪带到工作中。工作场所是做事的地方，是创造价值的场所，如果一个人把私人情绪带到工作中来，对团队造成了负面影响甚至收益损失，那么这个人的职场形象就是一个情绪化的人，他将因此失去很多机会。另一方面不要把工作中的负性情绪带回家。家应该是制造快乐幸福的场所。如果工作中遇到了负性情绪，尽可能自己调整，不要事事都说给家人听，让家人也跟着担心。当然，当遇到自己实在难以排解的负性情绪时，也可以向亲近的人倾诉，从他们那里获取心理支持和抵抗负性情绪的能量。

3. 构建和谐的人际关系

人际关系对情绪的影响极大，不少情绪和心理、行为问题的发生，都是不良人际关系所致。因此，学习和培养与人交往的能力，建立和谐的人际关系，避免或减少人际关系困扰，对维持情绪的稳定十分重要。

4. 保证充足的睡眠

睡眠不足对情绪的影响很大，可能导致紧张不安、情绪低落、焦躁冲动、注意力不集中等心理问题，严重的还可能导致抑郁症和焦虑症。因此，养成良好的作息、有规律的生活习惯，保证充足的睡眠，也是维持情绪稳定的好方法。

5. 培养正念态度

确立正念的人生态度，无论是好事还是坏事、喜欢的人还是不喜欢的人都不去评判，保持平和接纳的心态，利于避免或减少烦恼情绪的产生。

6. 学会识别他人的情绪

学会察言观色，识别他人的情绪，对于理解他人的心理状态、预测他人的行为、更好地处理与他人的关系、减少人际矛盾冲突、维护情绪健康非常重要。

7. 坚持体育运动

研究证明，体育运动对生理和心理具有调节功能，不仅是保持身体健康的"良药"，更是健脑健心的"灵丹"，对维护健康的情绪和调节负性情绪都能起到非常好的作用。

8. 不要压抑情绪

情绪是一种心理能量，压抑情绪，负性心理能量得不到疏泄而长期积累，就可能导致抑郁、焦虑等各种心理问题，严重威胁身心健康。如果负性心理能量积累到个体承受的极限，就会突然爆发，就可能导致个体向内伤害自己，或向外攻击他人，甚至造成不能挽回的悲剧性事件。因此，对负性情绪及时进行合理的宣泄和调节，防止负性情绪恶化，对维护身心健康非常重要。

9. 平和对待得与失

每个人都有得失心，这是非常正常的。可是如果过度关心名利得失，就会让自己沉浸在追逐名利地位的旋涡中不能自拔，让得失心成为自己的心理负担和累赘。得失心很重的人面临失败时，情绪也特别容易失控，会感到极度的悲伤难过，认为自己很没用，没有价值，陷入抑郁、焦虑、沮丧的负性情绪之中。因此，认识到"得之我幸，失之我命"，能争取的尽量争取，不能争取的就坦然接受，平和对待得与失，对保持良好情绪、维护心理健康非常有益。

四、常见负性情绪及其调适指导

1. 常见负性情绪

焦虑、抑郁、恐惧、强迫、逆反、挫折、自卑、嫉妒、愤怒、烦恼、怨恨、敏感、猜忌、压抑等都是常见的负性情绪。如果这些负性情绪得不到消除或缓解，就会持续地影响个体正常的学习、工作、人际交往和生活，让个体内心得不到安宁，还会导致个体身心健康受损。因此，树立对负性情绪进行自我调适的意识，掌握负性情绪调适的方法，对维护身心健康非常重要。

2. 负性情绪的调适步骤

第一步，觉察产生了什么情绪。随时觉察自己的情绪状态，一旦感觉到情绪不佳，就及时提醒自己需要自我调适，这是进行情绪调适的前提条件。觉察到了具体的情绪，可以帮助个体知道下一步该做哪些对负性情绪的缓解和消除有帮助的事情。

第二步，感受情绪，平和接纳情绪。觉知自己对具体情绪的感受，有助于平复情绪，减轻对情绪的焦虑。不管哪种情绪都不是无缘无故产生的，它是在提示个体有什么好的或不好的事情发生了。当情绪出现后，对情绪保持正念的态度，不与情绪对抗，不去压抑情绪，用平和的心态面对和接纳情绪，是调适负性情绪的最好方式。

第三步，适当表达情绪。当负性情绪发生后，不要把负性情绪压抑在心里，要以恰当的方式对其进行宣泄，以避免负性情绪的持续和积累对自己造成伤害。如何适当地表达情绪，是一门艺术，需要用心体会、揣摩，应以不给他人带去负面影响为前提条件。

第四步，用适宜的方式纾解负性情绪。纾解负性情绪的目的，在于给自己一个厘清想法的机会，让自己心情好一点，也让自己更有能量去面对未来。选择合适的方式纾解负性情绪很重要，或痛哭一场，或找三五好友诉说一番，或逛街、听音乐、散步等。但如果只是一时麻醉自己或采用把负性情绪发泄到他人身上的方式，不仅不能实现情绪调适的目的，还有可能恶化情绪和人际关系。

3. 常见负性情绪的调适方法

（1）4AS 技术。当陷于苦恼、生气等负性情绪，出现行为冲动时，可使用 4AS（四问四步技术）来管理情绪，缓解压力，避免不当行为，改变自己的情绪和心态。"A"指代 ask，即反问、反思；"S"指代 step，即步骤，也指 self，即自我。

一问：值得吗？自我控制！

二问：为什么？自我澄清！

三问：合理吗？自我修正！

四问：该怎样？自我调适！

在情绪不稳定的时候，不妨先冷静一下，给自己思考的时间，问问自己值不值得，有必要这样做吗，这样做真的可以吗，还有其他解决方法吗。也许在自问的时候，就会找到情绪低落的原因，修正自己的思维方式，找到不一样的处理方法，最终得到不一样的结果。

（2）情绪疏导法。对待强烈情绪的最好办法，不是堵，而是疏，要想办法找到疏导情绪的渠道和出口。情绪得到了适当的宣泄和疏导，不再积压在心里，就会产生如同"一块压在心里的石头被搬开了"的如释重负的感觉。

（3）深呼吸放松法。当个体被负性情绪困扰时，可以先闭上眼睛，体会情绪带来的感觉。然后，用深呼吸的方式慢慢地安抚自己的情绪。深呼吸能够为大脑充分供氧，帮助主管逻辑思维的左脑快速恢复功能，使大脑进入理性思考，以有意识地调控负性情绪。深呼吸对焦虑情绪产生时的即时调节非常有效。

（4）向亲朋倾诉法。不少时候，内心烦恼只要向别人倾诉出来，就会减轻很多。"分享让快乐加倍，分担让痛苦减半"，因此，心情不好时向亲朋倾诉，也不失为一个缓解和消除负性情绪的好方式。

（5）注意转移法。可以通过看书、听音乐、看电影、逛街、散步等改变注意焦点，也可以采用升华的方式，把对自己的注意力引导到对人、对己、对社会都有利的方向去，以此来消除负性情绪。

（6）善用积极心理暗示。心理暗示对人的情绪和行为的影响很大。积极心理暗示会让人精神振奋，内心充满阳光和正能量，对调适负性情绪和维护心理健康具有建设性的作用。

（7）顺其自然，由它去。自己暂时对负性情绪无能为力时，选择顺其自然、由它去的态度，不与情绪对抗就是一种极好的情绪调适方法。

（8）为情绪命名。研究证明，为感受到的情绪命名，会让个体有更好的感觉，帮助个体的身体和头脑得到放松，更容易脱离情绪，而不是不由自主地做出反应。其原理是，只要通过命名把情绪外化，将情绪变成注意的目标，就能与情绪保持有益的距离，不再被情绪牵着走，不再把负性情绪与自己画等号，从而更能掌控情绪。研究还表明，为情绪命名能使人平静，从而抑制大脑中造成情绪激动和身体压力反应的杏仁核的活动。

（9）心理换位法。人的负性情绪的发生，大多与人际矛盾冲突有关。心理换位，就是在与人发生冲突、产生负性情绪时，提醒自己调换一下位置，从对方的立场出发想一想，就有可能理解对方的言行和情绪表现，从而改变自己的看法，让负性情绪得到消解。

（10）求助社会支持。当负性情绪严重影响到自己的心理健康和正常的学习、工作、生活，自己又无能力消除或缓解时，可以先寻求亲朋的支持帮助，如果还不能解决问题，求助心理咨询师和心理健康指导专业人员是明智、有效的方式。

学习单元 7

心理危机的预防与干预

一、心理危机及其评估

1. 心理危机的定义

心理危机是指当人们遭受突发意外、灾难、重大生活事件或精神压力时，运用个人现有资源和应对机制无法解决所面临的内外困境而出现的暂时心理失衡状态。

心理危机包含3个要素：一是遭遇突发的重大事件或者具有挑战性的困难和问题；二是产生紧张焦虑、抑郁绝望、痛苦不安等严重负性情绪，甚至还会出现如心悸、头痛、胸闷、腹泻等躯体症状；三是个体自己没有能力、经验及资源来处理所面临的事情，因而产生了暂时的心理失衡和危机压力。

2. 心理危机的评估内容

心理危机评估是危机干预的重要步骤之一，而且贯穿危机干预过程的始终。危机干预者对评估技能掌握的程度会极大影响危机干预效果。在有限的时间内，干预者必须迅速准确地掌握被干预者所处的情境与反应；心理危机评估可以从危机的性质，被干预者的功能水平、应对机制、支持系统、自伤或伤人的危险性等方面进行，评估结果可以作为确定实施怎样的干预策略的依据。心理危机评估的内容主要有以下方面。

（1）危机性质评估。要了解危机是一次性的还是复发性的。对于一次性、境遇性危机，往往通过直接的干预，应用正常的应对机制和现有的资源，就能使被干预者较快恢复到危机前的平衡状态；而对于复发性、慢性危机，则往往需要建立新的应对策略，需要较长时间的干预。对陷入慢性危机的被干预者一般还需要转介，进行较长期的治疗。

（2）被干预者功能水平评估。即从认知、情感和行为3个方面评估被干预者的功能水平。认知评估包括侵犯、威胁和丧失3项内容；情感评估包括愤怒与敌意、恐惧与焦虑、沮丧与忧虑3项内容；行为评估则包括接近、回避、失去能动性3项内容。

要特别强调的是，对被干预者现有功能水平的评估，将决定危机干预选择何种策略和干预的程度。评估时，应尽可能地把被干预者当前的状态与危机前的功能水平进行比较，以便确定危机发生后被干预者的认知、情感、行为的功能水平受损程度。对功能水平的评估还应该贯穿于危机干预的整个过程，在实施一定阶段的干预后，被干预者的危机是否得到化解，也可以通过其认知、情绪和行为等反映出来。

（3）被干预者的应对机制、支持系统和其他资源评估。在整个干预过程中应收集各种能支持和帮助被干预者的内部或外部资源，并分析这些资源具体能帮到被干预者什么。这些资源包括被干预者采取何种行动能恢复到危机前的自主状态，被干预者能真正采纳的行动是什么，有哪些机构、社会团体、职业或个人能给予其支持，谁愿意关心和帮助被干预者等。当然，评估可应用的替代解决方法时，必须优先充分考虑被干预者本人的观点、能动性，以及应用这些资源和方法的能力，危机干预者个人的建议则作为附加部分考虑。

（4）危险性评估。危险性评估包括对被干预者自伤和伤人可能性的评估。

3. 心理危机的评估方法

心理危机的评估方法主要还是前文已经介绍过的调查法、观察法、会谈法、心理测验法和作品分析法等几种心理健康评估方法。区别在于心理危机评估与心理健康筛查或心理诊断评估的内容不同。

二、心理危机干预

1. 心理危机干预的定义

心理危机干预是指使用一定的心理危机干预技术和方法，对处于心理危机状态的个人给予关怀、支持、援助，使之恢复心理平衡和功能，安全度过心理危机，同时获得心理危机应对技能和实现心理成长。

2. 心理危机干预的原则

（1）迅速确定需要干预的问题，强调以目前的问题为主，并立即采取相应措施。

（2）必须有其家人或朋友介入危机干预。

（3）激发被干预者的自主性，不要让其产生依赖心。

（4）把心理危机作为心理问题，而不能将其作为心理疾病进行处理。

3. 常见心理危机干预模式

贝尔金将心理危机干预归纳为 3 种基本模式，即平衡模式、认知模式、心理社会转变模式。这 3 种心理危机干预基本模式是目前学界普遍认可并常用的心理危机干预的理论指导模式。

（1）平衡模式。该模式认为，心理危机状态下的个体，通常都处于一种心理和情绪的失衡状态，他们原有的应对机制和解决问题的方法不能满足他们当前解决问题的需要。因此，心理危机干预的工作重点应该放在稳定被干预者的情绪，使他们重新获得心理危机前的平衡状态。这种模式尤其适用于心理危机的早期干预。

（2）认知模式。该模式认为，心理危机导致心理伤害的主要原因，在于被干预者对心理危机事件和围绕事件的境遇产生了错误思维，而不在于事件本身或与事件有关的事实。因此该模式的基本原则，是通过改变个体的思维方式，让其认识到思维中的非理性和自我否定的成分，获得理性认知，或强化思维中的理性和自强成分，使个体获得对危机心理的自我控制。认知模式较适用于心理危机状态基本稳定下来、接近回到心理危机前的心理平衡状态的个体。

（3）心理社会转变模式。该模式认为，心理危机的发生可能与内部和外部（心理的、社会的或环境的）困扰有关，因此，分析被干预者的心理危机状态，应该从内、外两个方面着手，除考虑被干预者个人的心理资源和应对能力外，还要了解被干预者的同伴、家庭、职业、宗教和社区的影响。心理危机干预的目的，是将个体内部适当的应对方式与社会支持和环境资源充分地结合起来，从而使被干预者能够有更多的问题解决方式的选择机会，获得对自己生活的自主控制。这个模式适合状态已经稳定下来的被干预者。

以上不同模式指明了不同心理危机干预时期的重点，每种模式下又包含许多种不同的操作方式和方法。心理危机干预者应当了解不同干预模式适用的对象及各自的优点与不足，深入掌握一些心理危机干预的技术，积累实践经验，从而帮助个体更理性地面对心理危机，更快地度过心理危机。

4. 心理危机干预技术

（1）一般支持性技术

1）建立良好干预关系。建立良好的干预关系，是正常、有效地开展心理危机干预工作的基础和保证。只有建立良好的干预关系，才能确保被干预者敞开心扉、进行必要的自我探索和自我改变，否则，心理危机干预不可能正常进行。

建立良好的干预关系，要求干预者在干预过程中做到以下几点。

①平等尊重。对被干预者给予积极关注，无条件地接纳被干预者的情绪和行为反应。

②热情面对、耐心倾听。不厌其烦地倾听被干预者的叙述。

③真诚表现自我。不以专家自居，不居高临下，态度和蔼，让被干预者感受到被关爱的温暖。

④共情被干预者。设身处地地理解和体验被干预者的处境和心情，感人之所感，急人之所急，将共情贯穿于整个干预过程。

2）非指导性倾听。非指导性倾听，要求危机干预者在干预前和干预中稳定自己的情绪，控制自己的指导冲动、个人的需求和焦虑，不把自己的观念和偏见带入干预过程，带着理解、接纳的态度，去倾听被干预者；同时调动被干预者主动参与干预过程，帮助其敞开心扉，畅所欲言，述说自己的故事，抒发自己的情感，从而得到问题的澄清和情绪的宣泄纾解。

3）提供支持性心理。本着让被干预者利益最大化的原则，保持尊重、热情、真诚、共情、积极关注的态度，通过认真的倾听、温暖的陪伴、适当的疏导、无条件的接纳，采用开放式和封闭式提问、释义和解释等技术，给予被干预者安慰、鼓励、肯定、表扬、解释、指导、疏通感情、调整环境等回应，尽可能使被干预者挖掘出本身具有的战胜心理危机的内部资源，激发被干预者的自尊、自信和战胜心理危机的勇气，让其逐步恢复到心理危机前的心理平衡状态。

（2）常用心理危机干预专业技术

1）放松训练技术。放松训练技术，是指使个体从紧张状态松弛下来的一种练习方法。放松有两层意思，一是让肌肉松弛，二是消除紧张。放松训练可以让个体产生与紧张不安、恐惧、恐慌相反的生理效应，如心率降低、呼吸平缓等。放松训练是通过肌肉放松训练体验，使个体活动水平降低，达到心理上的松弛、机体功能的调整，实现个体内环境的平衡与稳定。许多方法和技术可以使人产生深度的肌肉放松，如呼吸放松、想象放松、静坐放松、正念冥想等。

2）认知行为疗法（CBT）。这是治疗急性应激反应和预防创伤后应激障碍的有效方法。在创伤性危机事件发生后，被干预者容易出现和事件相关的非理性认知，并由此导致焦虑、恐惧等负性情绪和回避等非适应性的行为。认知行为疗法可以通过暴露治疗为被干预者提供再加工创伤情景的机会，从而减轻被干预者对创伤情景的情绪反应；通过认知重建改变被干预者的负性思维，使被干预者重获安全感和成就感。

3）正念减压疗法。正念减压疗法的核心训练是正念冥想练习。有研究证明正念减压疗法对创伤后应激障碍有稳定的干预效果。正念是有意识地对此时此刻不加评判地觉察。通过静观呼吸、身体扫描、正念行走等一系列正念冥想练习，使被干预者对自己内在的身心经验能够采取好奇、温和的方式，进行有意识的观察，达到提升自我接纳度，增强心理韧性，缓解焦虑、抑郁等负性情绪，改善睡眠等效果。

4）"蝴蝶拍"技术。"蝴蝶拍"是一种常用的通过在躯体层面的自我安抚来寻求并促进心理稳定化的方法。简单地说，"蝴蝶拍"就是个体给自己一个"爱自己的拥抱"，就像是幼年受惊时父母给予的拥抱一样，使个体获得安全感和稳定感。个体可以闭上眼睛或者半合着眼，双臂交叉放在胸前，双手交替摆动，轻拍双肩，就像蝴蝶扇动翅膀一样，同时缓慢深呼吸，体会当下的思绪及身体感受，不做任何评判，如同目送天上飘过的云朵，如此重复，直至恢复平静。

5）安全岛技术。所谓安全岛，是在个体的内心深处找到的一个绝对惬意舒适的场所，它可以位于世界上的任何一个地方，但最好脱离现实世界而只存在于想象空间。这个场所应该受到很好的保护，拥有明确的边界，并且只有个体自己才能进入。在这个场所里，个体绝对有能力阻止任何未受邀请的外来物闯入，且不存在任何人际关系上的压力。如果感到孤单，可以随身携带一些友好亲密的物件。总而言之，在这个想象的安全岛里，没有任何压力存在，只有好的、保护性的、充满爱意的东西。在指导语的帮助下，个体需要通过一定时间的练习，才能找到属于自己的安全岛，逐渐地让安全岛在内心清晰、明确起来。当面对各心理危机时，个体便可以通过想象，在安全岛休憩片刻，让自己获得内心的安宁和稳定。

6）保险箱技术。保险箱技术也是一种通过想象来完成的心理危机干预技术。其原理是通过有意识地对内心积攒的负性情绪进行"打包封存"，个体可以在较短的时间内从这些负性情绪及消极观念中解放出来，实现正常心理功能的恢复。在保险箱技术的练习中，个体可以把与负性情绪相关的一切东西锁进一个保险箱，并且由自己掌管钥匙，是否打开及何时打开保险箱的决定权都在自己，这样个体就可以在做好充分准备的前提下重新触及那些带来负性情绪的心理危机，并探讨相关的事件。

5. 心理危机干预六步法

心理危机干预六步法是伯尔·E.吉利兰（Burl E. Gilliland）和理查德·K.詹姆斯

（Richard K. James）在平衡模式、认知模式和心理社会转变模式基础上提出的，是被证实比较有实效、被广泛应用的心理危机干预方法。

第一步，确定要干预的问题。即从被干预者的角度，确定和理解被干预者本人所认识的问题。在整个危机干预过程中，干预者应该围绕所确定的问题来应用有关技术。为了有助于确定要干预的问题，建议在干预开始时，使用核心倾听技术：同情、理解、真诚、接纳及尊重。

第二步，保证被干预者安全。在危机干预过程中，要将保证被干预者安全作为首要目标。简单来说，就是将被干预者的生理和心理危险性降到最低。虽然将保证被干预者安全放在第二步，但在整个危机干预过程中都应该将这点作为首先考虑的问题。

第三步，提供心理支持。本步骤强调干预者与被干预者的沟通与交流，使被干预者知道干预者是能够为其提供关心帮助的人。干预者不要去评价被干预者的经历与感受，而应该提供这样一种机会，让被干预者相信"这里有一个人确实很关心我，能够帮到我"。

第四步，提出并验证可替代的应对方式。大多数被干预者会认为已经无路可走，此时干预者要帮助被干预者使用建设性的思维方式，了解更多的问题解决方法和途径，充分利用环境资源，提出多种积极应对方式，最终确定解决危机境遇的最好方式，让被干预者重新看到希望。

第五步，制订计划。制订计划时应充分考虑被干预者的自主性和控制性，和被干预者共同制订计划来消除其心理危机。计划应重点关注切实可行、能有效帮助被干预者解决问题的措施。计划的主要内容应包括：有哪些个人、团体和机构能够提供及时的支持，能提供哪些被干预者可采用的、积极的应对机制，被干预者能够理解和把握的行动步骤。

第六步，得到承诺。让被干预者回顾和复述计划后，承诺自愿履行计划，并承诺能坚持按照计划进行自我调整和成长。承诺步骤完成后，心理危机干预者也需要对被干预者执行计划情况予以检查和核实，但要采用理解、共情和支持的方式进行询问。

通常而言，经过4~6周的心理危机干预，绝大多数的被干预者会度过危机，情绪症状得以缓和，此时应及时中断干预，以减少被干预者的依赖性。在结束阶段，应注意让被干预者强化新习得的应对技巧，鼓励被干预者在今后积极应对遭遇的类似应激或挫折。心理危机干预实际上是起到"拐杖"的作用，即帮助和支持暂时心理失衡的个体，一旦他们学会解决和处理问题的技能，并能举一反三地调整心理失衡状态，自我心理适应和承受能力得到提高，就应该让他们"扔掉拐杖"，投入以后的生活，独立面对和应对新发生的危机事件。

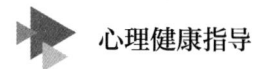 心理健康指导

三、自杀心理危机干预与预防

1. 自杀的定义

自杀是个体有意识、出自自愿地采取某种手段结束自己生命的异常行为。自杀一般可分为自杀意念、自杀未遂和自杀死亡。有自杀想法但未付诸行动，称为自杀意念；有自杀举动但未导致死亡，称为自杀未遂；有自杀行为并导致死亡，称为自杀死亡。此外，有自杀想法且已准备采取行动，称为自杀企图。

自杀是一种严重的心理危机。WHO发布的首份全球预防自杀报告指出，在全球范围内，自杀是全年龄段的主要死亡原因，全世界每年至少有80万人死于自杀，每40秒就有1个人自杀身亡，而自杀未遂的人数更为庞大，是自杀死亡人数的20~25倍。在中国，自杀已成为15~34岁人群中位列第一的死亡原因。在整个生命周期中，与其他年龄组相比，青少年自杀率更高，自杀死亡人数增长最快。

2. 对自杀常见的认知误区

（1）"自杀是一种不合理的行为。"正确理解是：站在自杀者的角度，几乎所有采取自杀行动的人都有充分的理由，这一点是毋庸置疑的。站在自杀干预的角度，如果干预者不能理解和接纳被干预者，那么信任关系就难以建立，干预活动就难以正常进行。

（2）"不要与要自杀的人谈论自杀，否则会增加他们自杀的可能性。"正确理解是：心理学专家认为，应鼓励被干预者谈论自杀的想法，这样才有可能使其获得控制感，才有可能帮助他们克服自杀想法。谈论自杀问题，能让被干预者知道自己不是一个人在战斗，使其负性情绪得到宣泄和缓解，得到干预者的心理安慰和支持，有助于降低被干预者自杀的风险；还可以让被干预者有时间重新考虑自己的决定，为其提供做出其他选择的机会，从而防止其自杀。

（3）"经常把自杀挂在嘴边的人通常不会自杀，大部分是为了吸引别人的注意力。"正确理解是：经常说自己想要自杀的人可能是在发送求助讯息，希望有人能够看到他的挣扎。因此，遇到说想要自杀的人，不能对其忽视，应告诉其家人以引起重视。

（4）"自杀的人都是意志薄弱者。"正确理解是：几乎所有自杀心理危机都是在个体面临无法解决的困扰和痛苦，陷入极度的无奈和无助，认为只有自杀才是唯一能解决问题的办法的时候发生的，并不是意志薄弱的表现。

（5）"自杀心理危机过后，情况转好，自杀心理危机已不存在。"正确理解是：一

些自杀者在被干预后，还有可能寻找机会再次实施自杀，因此在其情况好转后，还需要对其进行持续的关注，尽力给予其陪伴和支持。

（6）"自杀的人都有精神疾病。"正确理解是：自杀者存在心理问题，但不一定有精神疾病。一些心境障碍（如抑郁症）患者因为难以承受极度的痛苦，有可能会选择自杀；也有一些重性精神疾病患者会因发病，在意识不清晰的状态下意外身亡。但是，自杀者中也有一部分是处于抑郁、孤独、绝望、无助、被虐待、受打击、深深失望、失恋等状态的正常人，也有一些人是在突发重大应激或伤害事件时"激情自杀"。

（7）"自杀未遂者并非真正想死。"正确理解是：佛罗里达州立大学的自杀研究专家托马斯·乔伊纳说，"每一次成功的自杀对应的是20次失败的尝试"，在很多情况下，第一次自杀只是"试探性的"，但有自杀心理危机者会不断地通过尝试积累"经验"，直到成功为止。不少自杀未遂者在被救下后还会寻找机会去结束自己的生命。在所有的自杀死亡者中，有40%曾有过自杀未遂的经历。

（8）"大多数的自杀都是没有预兆就发生的。"正确理解是：事实上，大多数自杀者自杀前都有警示信号，包括情绪的、口头的、行为的异常表现，只要身边的人留意，就能捕捉到。当然，也有一些自杀事件是在没有任何预兆的情况下发生的，或者是在个体高度应激状态下突发的。重要的是身边的人要能敏锐觉察和捕捉到警示信号，及时做出应对。

3. 自杀风险评估

（1）评估是否存在自杀风险。主要通过以下方面评估个体是否存在自杀风险。

1）是否存在严重认知偏差。自杀者一般都存在不良认知模式，如非此即彼、以偏概全和绝对化认知，总是看事物的阴暗面，自尊心过强，心存偏见和敌意，行为冲动，容易走极端等。

2）是否患有心理疾病。自杀者中不少是达到诊断标准的心理疾病患者，其中抑郁症患者最多，为45%~70%。

3）是否遭遇重大负性生活事件。生活中遭遇失业、失恋、丧偶、离婚、财物损失、人际关系紧张、职务晋升或重大考试失败等重大负性事件，是导致自杀的重要因素。

4）是否存在人际关系紧张。无法处理现实中的人际关系，遭遇虐待或冷暴力，也是诱发自杀的一个重要原因。

5）是否处于过大慢性压力之中。处于长期的学习、工作和生活的过大压力之中，难以承受，可能发生自杀。

6）是否有既往的自杀意念和自杀行为。如果既往有频繁、强烈、长时间的自杀意念,或多次发生自杀未遂等,则发生自杀的可能性非常大。

7)是否有家族史。如果亲友、熟人有过自杀行为,则个体自杀的可能性增加。

8)是否有重大躯体疾病。研究表明,在查出患癌症等重大躯体疾病后,不少人产生恐惧、愤怒、绝望等严重心理问题,甚至继发抑郁症。这类人群自杀的概率为11%~15%。

(2)评估自杀的风险等级。对自杀的风险等级评估,是自杀心理危机干预者确定干预方法的重要依据。

1)低风险。只是有闪现的自杀意念,能够自我打消。

2)低-中度风险。经常出现自杀意念但没有付诸行动的想法,或出现付诸行动的想法时能够很快地予以自我否定。

3)中度风险。不仅经常出现自杀意念,而且有具体计划,但没有行动上的准备。

4)高度风险。有自杀的行动准备,如选择地点、购买药品、分发财产、安排后事等。

对于中度和高度风险者,要注意澄清其出于什么原因没有采取最后的行动,这些原因是制订心理干预计划的重要参考因素。

5)极度风险。自杀未遂者,已经有了自杀的经历和体验,再度自杀的可能性极高。

4. 自杀的预警信号

绝大多数有自杀心理危机的人,都会表现出与自杀意念相关的预警信号,或是出现心理和生理上的明显改变,或是用暗示语言求助等,甚至与之前相比完全变了一个人。作为其身边的人,需要捕捉和识别出这些预警信号,并及时做出恰当的应对。

(1)传达想自杀的想法。向身边的人传达与自杀、死亡或自残相关的想法,如"我希望我从没被生下来过""如果我死了,该……",或在日记、绘画中表达出绝望情绪。

(2)寻找致命性的工具。寻找毒药、刀具或其他的能用于实施自杀行为的物品。

(3)关注死亡的话题。在网上搜索、浏览有关自杀的内容,写下关于死亡的诗句或故事。

(4)对生活感到绝望。对日常生活失去兴趣,感到无助、无望,或者感觉"被困住了""看不到有任何出路",并且坚信事情不会出现转机。

(5)认为活着无价值。认为自己活着毫无价值,厌恶憎恨自己,认为自己是他人的负担,觉得"少了我所有人都会过得更好"。

(6)出现严重的心理问题症状。处于严重抑郁状态,情绪极度低落,失眠,远离家人和朋友，孤立封闭自己等。

（7）突然安排后事。写下遗嘱，转赠财产，为家庭成员做出安排等。

（8）突兀的道别。突然登门拜访或是向身边人道别，仿佛再也不会见面一般，让人感到非常突兀。

（9）意图自我毁灭。出现饮酒量增加、滥用药物、鲁莽驾驶或不安全的性行为，故意折磨自己。

（10）突发人格改变。在极度的情绪低落后突然表现出平静或愉悦，性格从外向转变为孤僻，或从乖巧懂事转变为叛逆不羁，饮食和睡眠习惯也可能会表现出巨大的转变，这些转变可能意味着个体已经下决心要实施自杀。

5. 自杀心理危机的干预方法

自杀心理危机的干预，主要是针对有自杀意念，或已经有自杀计划和行动准备等陷入自杀心理危机者，进行及时有效的干预，解除其自杀心理危机状态，让其重拾"生"的希望，提高其危机应对能力，帮助其学会自我心理调适。

（1）保证被干预者的安全。保障生命安全是自杀心理危机干预必须遵循的首要原则。在干预过程中，干预者要始终高度关注被干预者的安全，把被干预者的生理、心理危险性降到最低。为此，干预者在确定被干预者面临的主要问题之后，要对被干预者的自残、自杀的冲动加以评估，采取必要措施确保被干预者的安全。

（2）提供情感上的支持，帮助其建立理性认知

1）共情被干预者。将自己置于被干预者的角度，理解和接纳被干预者的感受，对被干预者表示关心，营造平和安全的气氛，引导被干预者敞开心扉，宣泄痛苦情绪；倾听被干预者的倾诉，关注其情绪表现，表达出对被干预者情感的共鸣，理解认可其痛苦感受，给予被干预者温和、耐心的安慰、解释和引导，并对被干预者的优点及时给予肯定。

2）正常化其自杀的想法。很多人在一生中的某个时间，尤其是当遇到特别大的压力事件的时候，都可能产生自杀的想法（自杀意念）。但想法与行为不是一回事，是有距离的。要理解被干预者的痛苦感受，使其了解产生这样的想法是正常的，但不认同他实施这一行为。

3）对自杀行为赋予新的认识。不要试图说服被干预者自杀是不好的行为。允许被干预者有绝望的感觉。认可"自杀"是解决问题的方法之一，但并不是解决问题的建设性方法。让被干预者知道，用自杀来解决暂时的困境，是一种再也无法挽回的方法，启发其寻找解决问题的其他方法。

4）正常化再自杀想法。让被干预者正视自杀意念还可能再出现这一事实，有助于

被干预者以后以比较平和的心态面对自己再次出现的自杀意念。让被干预者知道，反复出现自杀意念也很正常，改变会有一个过程，需要时间。

（3）寻找资源，营造安全网。为了防止被干预者以后出现自杀意念时再次自杀，要为其寻找外部和内部资源，营造一个安全网。在安全网的保护下，当再次出现自杀意念时，被干预者就会使用上一次的经验解决问题：自己当时是怎样终止了自杀念头？当时有谁帮助到了我？出现自杀念头时可以寻找哪些自杀干预机构？……营造安全网时，要把被干预者自己的资源放在前面，不能只用社会资源，要让被干预者自己有掌控感。

1）找出可以提供帮助的内部资源。帮助被干预者了解自己的身体和心理可能出现的自杀预警信号，觉察到自杀心理危机的出现；学习自我管理及应对的技巧，包括对自己有积极作用的暗示语、警示语等。

2）找出可提供帮助的外部资源。列出可以向被干预者提供帮助者的姓名及联系方式、可提供帮助的专业机构的联系方式。医疗机构、心理咨询机构、心理干预热线等都是被干预者的外部资源。如果有必要，可以当场向被干预者索要能帮助其的人的联系方式，并马上联系到提供帮助者，希望提供帮助者能更多地关爱和陪伴被干预者。

（4）寻求解决问题的办法。被干预者一定是面临某些无法承受的压力或无法解决的问题，感到面临绝境，才无奈做出自杀的选择。因此，干预者要与被干预者一起，尽可能找出能够解决其问题、助其走出困境的方向或办法，让其树立起"无论面临多么艰难的事情，只要活着总会有解决的办法"的信念。

1）制作应对卡。和被干预者一起制作应对卡，列出其活下去的理由（不自杀的原因），如还有什么重要事情没有完成，有什么重要心愿没有实现，有什么人不能割舍等。在失控、难以冷静思考时，看一下应对卡上的文字，就可以得到问题的答案。

2）签订不自杀承诺书。签订不自杀承诺书，可以让被干预者建立一种心理上的自我约束和自我控制机制，对稳定其情绪，防止其在短期内再次出现自杀行为有一定的作用。

不自杀承诺书可包含以下内容："我叫×××，承诺在×××（时间段）之内，一定不做伤害自己的事；如果产生了自杀冲动，就拨打我家人×××的电话×××，或信任的×××的电话×××；在危机程度较严重，自己感到可能会失控的情况下，我可以联系相关机构的专业人员或拨打自杀心理危机干预热线电话接受干预，以保护自己的身心安全。"承诺人在承诺书最后签字（盖手印），留下联系方式。

（5）适时转介。如果自杀心理危机干预者无能力处理被干预者的问题，或者希望被干预者的问题得到更稳妥、更好的解决，应将被干预者及时转介到相关的专门机构进行系统干预或治疗。例如，如果被干预者是重度抑郁症患者，让其情绪稳定后，必须采用适当的方式将其转介到精神卫生机构进行治疗。

6. 干预者要照顾和保护自己

自杀心理危机干预者要注意防止自己在干预过程中受到被干预者情绪的负面影响，避免产生替代性创伤。如果感觉自己的心理和情绪已经受到比较大的负面影响，要及时将被干预者转介。如果自我调节困难，要及时寻求专业督导。

7. 自杀事件密切接触者的干预和哀伤干预

自杀事件发生后的干预主要针对自杀者的密切接触者及自杀现场目击者，旨在尽量避免替代性创伤可能激发的严重心理问题的发生，预防创伤后应激障碍的发生，帮助他们尽快抚平伤痛、走出悲伤。

对自杀事件密切接触者的干预越及时，社会支持度越高，自杀事件的负面影响就越小。干预者在建立良好的信任关系的基础上，对自杀事件密切接触者可以采取以下的干预措施。

（1）共情和陪伴。干预者要充分理解、接纳自杀事件密切接触者的创伤感受，耐心地倾听，给予陪伴式干预。最好可以轻轻握着他们的手或进行一些其他的身体接触，让他们明白自己并不是在孤军奋战，有人陪着自己，引导他们不要过度沉浸在悲伤中，要尝试用新的思维方式看待问题。

（2）提供心理援助相关信息。向被干预者提供自己或一些相关机构、心理热线的联系方式，尤其是24 h心理热线的联系方式，方便其可以随时拨打求助。

（3）营造积极向上的心理氛围。在干预中应营造积极向上的心理氛围，遵循"不渲染、不议论、不扩散、不评判"的"四不"原则，尽可能减少外界的负性言论，缩小知悉范围。干预者要引导自杀事件密切接触者往前看，让自己好好活着，防止自杀发生"传染"，与其携手度过危机。

（4）建立心理支持体系。帮助被干预者建立心理支持体系，向其传授自我心理健康维护和自我心理调节的知识和方法，尽量减少自杀事件造成的负面影响，减少其哀伤感、孤独感和失落感，帮助他们尽快回归正常生活。

（5）进行哀伤辅导，重建新的希望。哀伤是对失去的一种纪念，但是如果哀伤情绪过于强烈或者持续时间过长，且未得到及时干预，就会对人的身心健康和正常生活造成严重不良影响。

哀伤辅导主要是干预者向被干预者提供心理支持，帮助其完成哀悼任务，让哀伤情绪得到适当的表达、缓解，消除身心症状，恢复正常的心理平衡状态，恢复自我功能，从而走出哀伤，尽快开始正常生活。哀伤辅导主要应做到以下几点。

1）让被干预者表达和接纳哀伤情绪，坦然面对。干预者专注地倾听，让被干预者充分地述说内心悲痛、表达哀伤情绪，让其负性情绪得到疏泄；同时让被干预者认识到，其产生意外、悲伤、绝望、否定、羞耻、愤怒、困惑、焦虑、孤独、悔恨等负性情绪是很正常的，而且这些负性情绪还会持续一段时间，但随着时间的推移会逐步减少和消失，也不必回避和否认亲友等自杀的事实，要卸下防御，逐步让自己接受亲密的人离去的现实，活着的人要正常、健康地生活下去。

2）让被干预者重现回忆，释放哀伤。运用放松训练法，让被干预者在放松的状态下进入回忆，引导其回忆是什么时候得知的噩耗，当时在哪里，正在做什么，听到消息的那一刻身体是什么反应、心理上又有什么反应。告诉其面对亲密的人的突然离世，产生这些反应是正常的。采用安全岛技术、保险箱技术等，让被干预者发泄情绪，在这个过程中，被干预者可能会因为控制不住自己的情绪而哭泣，这是释放哀伤情绪的一种好方式，干预者要鼓励其尽量把内心的悲痛发泄出来。

3）举行告别仪式，完成分离，重建希望。自杀事件发生后，与自杀者关系密切的家人、朋友、同事有必要举行仪式告别逝者，以表达对逝者的怀念与尊重，让自己释怀，接纳事实，完成与死者的分离，重建希望，感悟到只有自己好好活下去，才是对逝者最好的纪念。

4）引导被干预者不必担心"应该"感到或做些什么。哀伤持续的时间、哀伤的程度因人而异，每个人处理哀伤的方式都不同。要让被干预者知道，只要专注于自己的内心感受，不必担心"应该"感到什么或做什么。

5）叮嘱被干预者照顾自己。叮嘱被干预者尽力获得充足的睡眠，健康饮食，照顾好自己的身体，以改善心情，使自己有能力应付所有事情。

6）建立支持小组。建立支持小组可以让被干预者与其他经历相似的人一起处理自己的情绪，起到很好的相互支持和帮助的作用。

7）对被干预者进行后续追踪，定期回访。经过哀伤辅导，大部分人的哀伤情绪趋于正常，能够回归到正常的工作和学习之中。但值得注意的是，创伤后应激障碍有时会潜伏几年甚至更长时间才爆发，因此心理危机干预工作要贯穿始终。干预者应对被干预者进行后续追踪和定期回访，特别是在死者的忌日、纪念日、生日等重要时间节点，干预者应有针对性地提供帮助。

培训任务 3

心理健康指导实践

学习单元 1

开展心理健康知识宣讲

一、开展心理健康知识宣讲的意义

开展心理健康知识宣讲，是对人们进行心理健康教育的一个非常重要的途径，对促进人们了解心理健康知识，学会心理健康的自我维护和心理问题的自我调节方法，促进自我心理和谐，塑造自尊自信、理性平和、健康向上的心态，具有十分重要的意义和作用。具体来说，开展心理健康知识宣讲主要有以下方面的意义。

1. 利于促进人们重视心理健康

开展心理健康知识宣讲，可以让人们了解人的生理健康与心理健康之间相互依存、互相影响、相互作用的紧密关系，知道人的生活品质和幸福感都源于心理健康，从而建立起重视心理健康的重要观念，通过自觉维护心理健康促进身体的平衡，实现身心双健，乐享健康生活。

2. 利于提升人们的心理健康水平

开展心理健康知识宣讲，可以让人们学习和了解心理健康方面的知识，增强人们的心理素质，促进人们的心理健康水平，预防心理问题和心理疾病的发生，提高人们的生活品质。

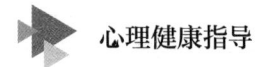

3. 利于人们学会心理压力和心理问题的自我调节方法

开展心理健康知识宣讲，可以让人们学习和掌握过大心理压力、负性情绪等心理问题自我调节的方法和技巧，缓解和消除过大压力和负性情绪，恢复心理平衡状态，避免过大压力和负性情绪对学习、工作和生活造成更严重的不良影响，增强抗压和耐受挫折的能力，促进人们心理健康素质的提高和健康人格的发展完善。

4. 利于帮助人们建立和谐的人际关系

开展心理健康知识宣讲，可以让人们掌握调节和处理人际关系问题、建立和谐的人际关系的方法，更好地与人交往，增强信任感、安全感、归属感和幸福感，有利于促进家庭和谐、群体和谐和社会和谐，也利于个体专注学习和工作、提高学习和工作的效率。

二、心理健康知识宣讲计划的制订

1. 评估心理健康知识宣讲的需求

我国国民的物质生活水平越来越高，但工作、生活节奏也在不断加快，社会竞争所致的心理压力也越来越大，心理问题、心理疾病的发生率也不断升高。然而，心理健康及心理健康维护知识的贫乏，使人们在发生心理问题后普遍不知如何应对，以致严重影响学习、工作和生活，还会导致心理问题发展成为心理疾病，给自己和家人带来困扰和痛苦。因此，对社会大众开展心理健康知识宣讲是十分必要的。

"心理健康蓝皮书"《中国国民心理健康发展报告（2019—2020）》的数据显示，2020年我国青少年抑郁检出率高达24.6%，且随着年级增长呈上升趋势。小学阶段抑郁检出率为10%左右，重度抑郁检出率为1.9%~3.3%；初中阶段抑郁检出率约为30%，重度抑郁检出率为7.6%~8.6%；高中阶段抑郁检出率接近40%，重度抑郁检出率为10.9%~12.5%；35.5%的研究生有一定程度的抑郁表现，60.1%的研究生有焦虑问题。科技工作者、医务工作者心理健康问题日益凸显。

《中国国民心理健康发展报告（2019—2020）》关于心理健康知识需求的调查表明，人们对心理健康知识的需求呈现出"多重"的特点，平均来说，人们会在调查设置的7个需求领域中选择3个领域。具体来看，选中率最高的是"自我调节"，约七成调查对象选择了此领域；选中率居第二位的是"人际交往"，大约六成调查对象选择了此领域。值得注意的是，"心理疾病防治"的选中率不足半数，表明人们对心理疾病预防和治疗知识的主动获取动力不足。女性对各项心理健康知识的需求高于男性。不同年龄段调查对象的心理健康知识需求水平表现出差异，年龄越低需求水平越高。这一差异提示我们，青年群体对心理健康知识有更强的需求，在心理健康知识宣讲工作中要侧重对青年群体的服务。调查结果还显示，大学生群体的心理健康知识需求丰富，排前三的依次是人际交往、自我调节及职业指导。

以上数据表明，我国心理疾病的发生状况是非常严峻的，人们对心理健康维护知识技能的需求是多重的，开展心理健康知识的普及教育，让人们掌握心理健康自我维护、过大压力和心理问题自我调节的方法迫在眉睫。

对于心理疾病来说，也需要人们牢固树立"预防重于治疗"的观念。开展心理健康知识的宣讲，让人们提高自觉维护心理健康、预防心理疾病发生的意识，自觉提升自己的心理素质和心理健康水平，比产生心理问题后再进行调节、患心理疾病后再治疗更为重要。

2. 确定心理健康知识宣讲的主题

要根据不同年龄段听众的生理、心理发展特点，或者根据不同职业领域听众对心理健康知识的需求来确定心理健康知识宣讲的主题。如果是团体或单位邀请举办的心理健康知识宣讲，则可以与邀请方沟通，根据邀请方的需求来设计宣讲主题和内容。当然，这种邀请方"出菜单"式的讲座，是非常考验宣讲者的知识储备和能力的。在满足听众需求的同时，宣讲主题也要是宣讲者本人想讲、擅长讲的。

另外，宣讲主题必须鲜明具体、新颖别致、针对性强，要尽量缩小主题的范围，使之尽量贴近听众，对听众适用，尽量给听众耳目一新的感觉。

3. 设计心理健康知识宣讲的内容

（1）宣讲内容的设计要求。心理健康知识宣讲内容一定要围绕主题和宣讲要实现的目的来设计。设计时需要考虑的要点有：宣讲的主题、宣讲的目的、听众的心理需求和学习特点、宣讲重点、宣讲难点、宣讲方法、宣讲过程、时间安排等。

宣讲过程一般包括引入、讲授或活动、提问互动（听众分享）、总结等环节。

（2）宣讲内容的设计步骤。首先围绕主题收集参考资料（购买书籍和通过网络搜索相关文章）；然后综合收集的参考资料和自己的思考编写宣讲大纲，即目录（分为一级目录、二级目录、三级目录等）；再根据目录进行内容编写；最后进行修改充实，完善定稿。

（3）宣讲开头和结尾的设计。宣讲开头应建立关系，引起听众兴趣，吸引听众的注意力，可以通过做游戏、提问题、讲案例等方式引入。宣讲的结尾可以采取以下方式：对宣讲进行总结、互动答疑、发出号召、表达良好祝愿等。

（4）宣讲方法的设计。宣讲可以综合应用以下方法：宣讲者讲授、角色扮演、案例分享、游戏体验、视频演示、实物展示、小组讨论、宣讲者提问、听众分享等。

（5）宣讲时长的确定。每次心理健康知识宣讲的时长，要根据听众的年龄来确定。一般来说，面向小学生的宣讲时长以 40~50 min 为宜，面向初、高中生的宣讲时长以 1 h 左右为宜，面向成人的宣讲时长以 90 min、最多不超过 120 min 为宜。每次宣讲的时间过短，可能会让内容单薄，信息量过少，满足不了听众的需要；时间过长，听众会产生心理疲劳，影响宣讲效果。

三、心理健康知识宣讲的实施

1. 宣讲成功的条件

要让一场心理健康知识宣讲的质量得到保证，应该具备以下条件。

（1）宣讲主题和内容贴近听众的心理需求，能够帮助听众解决现实中的问题。这就要求宣讲者了解和熟悉听众的心理需求及生活经历。

（2）宣讲方法符合听众学习心理特点。宣讲者要熟悉听众的生活经验、理解能力和学习心理特点。

（3）宣讲者的专业知识过硬。宣讲者熟悉所讲内容，专业知识过硬，不传播似是而非或错误的知识误导听众。

（4）宣讲准备充分。宣讲前要反复练习和熟悉宣讲内容，清楚各个环节，提前熟悉宣讲场地和计算机、投影仪等设备的使用，避免宣讲时手忙脚乱，或者让听众长时间等待。

（5）宣讲者具备较好的演讲能力和现场沟通技巧。宣讲者应特别注意设置精彩的引入与结尾。宣讲要深入浅出，通俗易懂，接地气。宣讲者注意语速和停顿，精神饱满，声情并茂，具有激情和感染力。

（6）宣讲者具备较强的现场调控能力。宣讲者能较好地应对和处理现场的突发问题。

（7）宣讲者熟悉现代信息技术的应用。应用现代信息技术辅助宣讲，能为宣讲增加不少色彩。

2. 宣讲突出重点、突破难点的方法

一场心理健康知识宣讲的重点，是听众想知道的、能帮助听众解决问题的、对听

众有启发的内容。要突出宣讲重点，就要对重要的内容反复强调，进行形象具体的阐述。可以采用一开始亮明观点，中间详细阐释，最后再重复强调的方式，以让听众比较准确地接收到重点信息。

宣讲的难点，是怎样吸引听众，怎样让听众理解宣讲的观点，怎样让听众听有所获。突破难点的方法包括了解听众的学习特点和认知水平；宣讲时尽量接地气，由浅入深，通俗易懂；尽量通过使用比喻、类比等手法让宣讲内容形象化；用故事或实际案例来佐证宣讲的观点等。

3. 心理健康知识宣讲技巧

（1）避免学科化倾向。心理健康知识宣讲不是单纯的心理健康知识的传授，而是要触动听众的心灵，对听众解决困扰和问题有所帮助，对听众有所启发。《中小学心理健康教育指导纲要》（教育部 2012 年修订）明确指出，"心理健康教育要防止学科化的倾向，避免将其作为心理学知识的普及和心理学理论的教育"。学科化倾向是心理健康知识宣讲应避免的。

（2）理、情结合。如果宣讲者习惯采用理性表达，就需要增加一些感性和形象的表达；反之如果宣讲者习惯采用感性表达，就需要加强表达的理性和逻辑性。一个好的宣讲，应"晓之以理，动之以情"，理性和感性结合，既严谨，又有趣味性，让听众兴趣盎然地获得知识经验。

（3）适当的自我暴露。如果宣讲者能在适当和必要的时候，结合宣讲内容进行真诚的自我剖析、自我暴露，真实地讲述自己人生中遇到相关问题时的有效应对和解决方式，或错误应对带来的教训，会让宣讲具有更强的感染力和说服力，让听众增强对宣讲主题的理解和记忆。

（4）善用提问技巧。提问方式有泛泛提问和指定听众提问两种。前者可以让更多的听众自发融入宣讲过程，后者则可以避免提问冷场的局面出现。

（5）案例和故事选择恰当。案例和故事的选择原则有适用性、普遍性、生动性、典型性、新颖性和可靠性，要紧密围绕宣讲的主题来选择。

（6）熟练掌握讲授法。讲授法是心理健康知识宣讲最常用、最方便、信息容量最大的方式。讲授法是心理健康指导专业人员必须熟练掌握的技能。

讲授法的技巧有：用形象化的语言、生动的故事、个人经历等来辅助说明宣讲的观点，引用权威观点、统计数据等作为宣讲观点的论据，采用对比、重复等方式强化宣讲的观点。

讲授法的要求是条理清晰、丰富生动和有阶段小结等。

成功运用讲授法的关键是做充分的准备，了解听众的文化或年龄层次、认知特点和学习特点、关心的问题。

四、心理健康知识宣讲效果的评价

1. 宣讲效果的评价指标

宣讲效果评价指标，也是宣讲者的努力方向。评价一场宣讲的效果如何，主要应从宣讲内容、宣讲过程、宣讲技巧和听众反馈等方面考量。

（1）宣讲内容

1）宣讲主题鲜明、贴近听众的需求。

2）宣讲内容充实，材料真实可信。

3）宣讲内容科学规范，无知识性错误，无错误观念。

4）宣讲内容表述清晰、明确、完整。

（2）宣讲过程

1）宣讲始终围绕主题，条理清晰，节奏科学。

2）娴熟运用现代化教学手段，语音、画面清晰，视听效果好。

3）宣讲发挥听众的主体作用，注重听众反馈。

4）宣讲环节设计得当，不杂乱。

5）宣讲的节奏适合，时间把控恰当。

（3）宣讲技巧

1）宣讲者着装合宜，仪表得体，仪态自然大方，具有亲和力。

2）宣讲者语言清晰，语速适当，幽默风趣，富有激情，表达具有感染力。

3）宣讲导入有特色，能激发听众兴趣；宣讲结尾自然，引人思考。

4）宣讲内容丰富，案例、故事选择恰当、贴近主题，讲授深入浅出，具有启发性。

5）宣讲者把控现场的能力强，突发问题处理恰当。

（4）听众反馈

1）宣讲具有吸引力，听众专注宣讲，配合度和互动热情高，现场氛围和谐融洽，整场秩序好。

2）宣讲满足了听众的现实需求，听众反馈好，认为宣讲具有启发和促进作用，使自己的认知得到了提升。

2. 宣讲评价方法

(1) 现场调查法。在宣讲过程中观察听众对宣讲者的回应情况；在宣讲结束时，对听众进行随机的口头调查，搜集听众对宣讲的感受或意见、建议。

(2) 问卷调查法。根据宣讲评价指标制作问卷，在宣讲结束后随机邀请若干听众完成问卷调查，综合所有问卷填写情况得出评价结果。

学习单元 2

开展不同群体心理健康知识宣讲

一、儿童青少年心理健康知识宣讲

1. 如何珍爱生命的宣讲

向儿童青少年宣讲如何珍爱生命，目的是使儿童青少年敬畏生命、认识生命的意义、珍惜生命的价值、尊重生命的尊严、热爱生命的美好，激发儿童青少年追求美好生命的热望，促使其付诸行动提升生命品质。

向儿童青少年宣讲如何珍爱生命，也是对其进行生死问题的教育，让其理解生命的发生、发展、衰老和死亡是必然过程，从而学会积极地生存、独立地发展和健康地生活，努力提升生命品质，最终实现生命的最大价值。

儿童青少年如何珍惜生命的宣讲可包含以下要点。

（1）珍爱生命，从小树立尊重生命的意识。

（2）珍爱生命，认识生命的真正内涵，活出完整的生命。

（3）珍爱生命，认识生命的特征，珍视生命的存在。

（4）珍爱生命，欣赏和敬畏一切生命，不做伤害自己及他人的事情。

（5）珍爱生命，懂得父母孕育和教养孩子的不易，并用行动回报父母的恩情。

（6）珍爱生命，努力去发掘自己蕴藏的生命潜能，不断促进自我成长。

（7）珍爱生命，确立积极的人生态度，不向人生厄运低头，活出有价值的人生。

（8）珍爱生命，让安全警钟长鸣，避免做出危及自己和他人生命的行为。

（9）珍爱生命，追求自我实现的最高生命目标，构建充实、快乐、有意义的生活，不断提高自己的生命品质。

2. 如何树立健康正向"三观"的宣讲

"三观"从一个人出生开始，就在家人和成长环境的影响下逐步形成。从一个人懂事开始，其人生态度、心理情绪、行为模式、人生目标、生活方式等，无一不受到"三观"的影响和支配。"三观"是引领人生航向的灯塔，是每个人生存和生活的动力源泉。

"三观"是否健康、端正，不仅直接影响着人们的生存状态、生活方式、生活品质和心理健康水平，更影响着社会风气和社会的稳定，因此，重视儿童青少年的"三观"教育意义重大。儿童青少年如何树立健康正向"三观"的宣讲可包含以下要点。

（1）世界观是怎样影响一个人的人生和生活的。

（2）理性情绪疗法可以帮助个体改变负性思维和信念。

（3）如何确立正向健康的人生观，实现自己生命的积极意义。

（4）如何正确理解"具有怎样的价值观，就会有怎样的人生"。

（5）树立正确的幸福观和苦乐观，努力实现有意义、有价值的人生。

（6）树立正确的学习价值观，让自己成为一个具有社会道德和科学文化素养的现代文明人。

（7）树立"利益他人，奉献社会"的价值观，做个对他人和社会有用的人。

（8）培养社会责任感，提升自己的综合素养，成为一个对国家发展和民族振兴有所贡献的人。

3. 如何培养学习内在动力的宣讲

动机是直接推动个体活动以满足个体需要的内部状态，是行为的直接原因和内在动力。学习兴趣和内在学习动机，是直接推动儿童青少年自觉主动投入学习活动的内在动力。有了这种学习的内在动力，学习活动就成为一种不再由外界的督促和强制手段驱使的自觉主动行为，个体才能真正专注于学习活动，并通过克服学习中的困难去收获理想的学习成效，家长和老师对儿童青少年学习的管理也会变得非常轻松。

儿童青少年中的懒学、厌学、不学现象较为普遍的根本原因，就是其普遍缺乏学习的内在动力。要改变儿童青少年懒学、厌学、不学的状态，最根本的还是要激发和培养儿童青少年学习的内在动力。因此，对儿童青少年进行如何培养学习内在动力的宣讲，让他们形成自觉主动学习的习惯具有十分重要的意义。

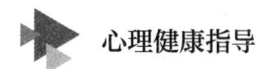

儿童青少年如何培养学习内在动力的宣讲可包含以下要点。

（1）懂得学习是自己的事情，认真学习就是对自己负责。

（2）平和地面对学习中的困难，不把学习当负累，学习就不会那样让人望而生畏了。

（3）培养学习兴趣，形成自觉主动学习的内在动机，将会终身受益。

（4）培养积极进取的心态，在学习上也要努力去比优争先。

（5）保持良好的学习状态，是取得优秀学习成绩的保障。

（6）"认真、坚持"是取得好的学习成绩的"良方"。

（7）好好学习，好好玩，是维护身心健康、提高学习效率的"法宝"。

（8）学习并不总是一帆风顺的，需要具有不畏困难、不怕挫折的精神。

（9）自信和自强的品格，是让自己持续努力学习的内在力量保障。

（10）不只为考试成绩而学习，为提升自己的科学文化素养而学习，才能让学习成为自己的内在需要。

4. 如何构建理性健康的人际关系的宣讲

亲子关系、朋辈关系和异性关系，是对儿童青少年的健康成长影响最大的3种人际关系。教育引导儿童青少年较好地应对和处理亲子关系、朋辈关系和异性关系中的各种问题，对维护儿童青少年的身心健康，保证儿童青少年的正常学习和生活，促进儿童青少年的健康成长意义重大。

（1）如何妥善处理亲子关系的宣讲。不少父母由于不了解科学家庭教育的知识、观念、方法和技巧，对孩子的家庭教育存在很大问题，给不少孩子的心理造成困扰甚至严重伤害。不良的家庭教育导致的心理创伤甚至会伴随孩子一生。而孩子在父母面前处于弱势地位，不知道如何理性地、有技巧地应对父母的管教方式，要么直接对抗父母，让自己陷入更大的困扰；要么压抑和累积负性情绪，导致严重心理问题甚至心理疾病的发生。因此，通过宣讲教给孩子理性、技巧性地应对父母的管教方式的方法，让孩子学会有效的自我保护，对避免或减少不良家庭教育给孩子带来的伤害，使孩子能够轻松快乐地成长非常重要，同时对构建和谐的亲子关系也意义重大。

儿童青少年如何妥善处理亲子关系的宣讲可包含以下要点。

1）学会换位思考，理解父母。

2）学习、掌握人际沟通技巧。

3）学会在发生冲突时暂时离开现场。

4）学会接纳父母的问题行为。

5）学会自我心理调节方法。

6）学会反省自己的行为。

7）向父母真诚地表达自己的感受。

8）多体谅和关心父母。

9）建议父母参加相关学习活动。

10）懂得寻求外界支持和帮助。

（2）如何构建理性健康的朋辈关系的宣讲。儿童青少年时期，个体与朋辈相处的时间最多，朋辈对个体的"三观"的形成、社会化进程、人际交往能力、心理健康等方面影响都非常大。因此，儿童青少年学习怎样理性健康地与朋辈交往，通过与朋辈的交往培养良好的人际交往能力，对儿童青少年进行正常的社会交往、维护自己的心理健康、正常地学习生活等，都具有十分重要的意义。

儿童青少年如何构建理性健康的朋辈关系的宣讲可包含以下要点。

1）珍惜与朋友的相处之缘。

2）朋友不可滥交。

3）朋友不在多而在精。

4）选择交友对象很重要。

5）分清益友和损友。

6）朋友交往十忌。忌交酒肉朋友，忌交势利朋友，忌交虚伪朋友，忌交狐朋狗友，忌交利益朋友，忌交不义朋友，忌交消极朋友，忌交是非朋友，忌交不孝朋友，忌交狭隘朋友。

7）朋友间要坦诚相处。

（3）如何与异性朋友理性和谐相处的宣讲。如何正常健康地与异性交往，是儿童青少年要建立健康和谐的人际关系所必须掌握的。儿童青少年学会与异性正常健康相处，也为其今后正常健康地处理恋爱和婚姻关系打下了良好基础。

儿童青少年如何与异性朋友和谐相处的宣讲可包含以下要点。

1）异性交友要互相尊重，互相信任。

2）有困难大胆求助异性朋友，对方需要帮助时要尽力相帮。

3）与异性朋友相处，要注意把握分寸。

4）与异性朋友相处，要有道德底线。

5）异性交友要行为落落大方，光明磊落。

6）倾慕对方是自己的权利，但是要有不随意打扰对方的修养。

7）对异性朋友表达的爱慕要正确处理，避免伤害对方。

8）如果与异性朋友进入了恋情，更要保持冷静和自我控制。

9）中小学生异性朋友间的交往不宜发展为恋情。

10）进入恋情的青少年，切记避免发生冲动的性行为，以防不良后果发生。

5. 如何树立理性健康的婚恋观的宣讲

所谓婚恋观，是指男女双方对恋爱与婚姻的根本认知与理解。婚恋观是人生观的重要组成部分，直接影响个体恋爱、婚姻行为的价值取向，对青少年将来的恋爱、择偶行为、婚姻生活起着导向作用，并且影响其一生的发展与幸福。另外，婚恋观是否理性健康，对恋爱和婚姻关系是否稳定和谐影响很大，从而也影响着双方的情绪和心理健康。

因此，对儿童青少年进行树立理性健康的婚恋观的宣讲十分必要。

（1）如何树立理性健康的恋爱观的宣讲。青少年的恋爱行为是否理性，与青少年的恋爱观是否理性健康关系重大。恋爱观不仅关系到恋爱关系是否牢固稳定，还关系到恋爱双方能否走向婚姻殿堂、婚后的婚姻关系是否和谐稳定、家庭生活是否快乐幸福。因此，对儿童青少年进行如何树立理性健康的恋爱观的宣讲具有重要的正性导向作用，能够引导其理性地建立恋爱关系，正确地把握和处理恋爱中的问题。儿童青少年如何树立理性健康的恋爱观的宣讲可包含以下要点。

1）决定恋爱稳定发展的条件是感情基础，而不是外表或物质条件。

2）"三观"、人品和责任心是确定恋爱关系的最重要条件。

3）分清什么是友情，什么是爱情，不要将二者混淆或误读。

4）恋爱的目的是走向婚姻的殿堂，不能把恋爱当儿戏。

5）读书学习阶段，要理性正确地处理好恋爱与学习成长的关系。

6）恋爱双方是平等和互相尊重的，不是一方支配控制另一方的关系。

7）学会爱对方，而不只是被对方爱，付出与获取是相互的。

（2）如何树立理性健康的婚姻观的宣讲。婚姻观是个体对婚姻关系的基本认识和态度，是人生观的组成部分之一。理性健康的婚姻观强调婚姻以爱情为基础，坚持当事人双方自愿的原则。因此，双方应经过深入的相互了解，"三观"没有重大冲突，具有稳固的感情基础，双方自愿，才能结为夫妻。那些以金钱、门第、权势为恋爱结婚的前提条件、缺乏牢固的感情基础的婚姻，很有可能出现问题。

恋爱双方进入婚姻殿堂，不仅意味着双方的关系在法律上确定了下来，双方的权益都受到法律的保护，而且意味着双方要一起承担婚姻生活方方面面的责任。树立理性健康的婚姻观，才能够维持长期稳定的婚姻关系。因此，对儿童青少年进行如何树立理性健康的婚姻观的宣讲，具有非常重要的意义。

儿童青少年如何树立理性健康的婚姻观的宣讲可包含以下要点。

1）双方感情基础过硬，是婚姻稳定的基本条件。

2）双方人品和责任感过硬，是婚姻稳定的保障。

3）双方"三观"相似、性格互补的婚姻，矛盾冲突会更少。

4）进入婚姻殿堂，就要确立对婚姻负责一辈子的牢固信念。

5）婚姻不是一方享福，而是双方共同承担家庭责任。

6）让婚姻稳定的秘诀是接纳对方的缺点，做到互相理解和包容。

7）对孩子的抚养和教育是夫妻双方共同的责任，缺少一方都会对孩子成长造成不可弥补的缺憾。

6. 引导健康文明上网、预防网瘾的宣讲

网络已经成为人们学习、工作、生活、交往和娱乐等离不开的工具。网络为人们带来方便、快捷、高效的同时，也给人们的生活带来了不少负面影响，例如沉迷网络游戏，浏览色情、暴力内容等对儿童青少年的"三观"、学习、工作、生活、身心健康都会造成严重不良影响。网瘾已经成为影响儿童青少年正常学习、工作和生活的一大"杀手"。因此，引导儿童青少年正确认识网络功能，做到有选择、有控制的健康上网，避免网络沉迷，预防网瘾的发生，也成了儿童青少年心理健康宣讲的一项重要任务。

引导儿童青少年健康文明上网、预防网瘾的宣讲可包含以下要点。

（1）树立健康上网的意识。

（2）正确认识网络的功能。

（3）处理好网络消遣娱乐与学习的关系。

（4）培养自我管理和自我控制的能力。

（5）怎样才能做到不沉迷上网，预防网瘾的发生。

（6）认识上网娱乐只是日常娱乐的一种方式。

（7）处理好现实交往与线上交往之间的关系。

（8）健康文明上网主要有哪些表现。

（9）当自己沉迷网络游戏时，可以采取哪些方式予以戒除。

（10）如何判定自己是否已经上网成瘾。

二、老年人心理健康知识宣讲

老年人学习心理健康自我维护的方法，有意识地维护自己的心理健康，让自己保持年轻的心态，有利于促进和维护身体的健康，减少疾病的发生，延缓身体的衰老，乐享老年生活。另外，心理健康的老人，其家庭关系和邻里关系更为和谐美满，有利于促进社会的安定和谐。因此，关注老年人的心理健康，面向老年人开展心理健康宣

讲，教给老年人维护心理健康和平和理性地面对疾病的方法，具有十分重要的意义。

1. 如何进行心理健康自我维护的宣讲

老年人如何进行心理健康自我维护的宣讲可包含以下要点。

（1）保持积极心态，延缓心理衰老。

（2）坚持体育运动，延缓身心衰老。

（3）保持健康兴趣，避免生活单调。

（4）保持人际交往，避免孤独寂寞。

（5）参加助人活动，实现自我价值。

（6）学会情绪调节，保持内心平衡。

（7）保持动脑习惯，预防思维迟缓。

（8）保持家庭和睦，安享晚年生活。

2. 如何理性平和地面对疾病的宣讲

每个人都会面对衰老，衰老后，身体各方面功能减退，自然会出现各种不适。不少老年人不知道如何理性科学地面对疾病，"病急乱投医"，比如过度依赖保健食品等，不仅给自己带来经济和身心负担，还会导致与子女的矛盾冲突，让晚年生活陷于过大压力和身心疲惫之中。因此，对老年人进行如何理性平和地面对疾病的宣讲十分必要。老年人如何理性平和地面对疾病的宣讲可包含以下要点。

（1）认识身体功能减退是自然的、正常的现象。

（2）坚持进行适量、适度的体育锻炼，延缓身体衰老，预防和减少疾病的发生。

（3）学习科学的医学保健知识，知道疾病的预防方法和科学应对方式。

（4）以平和接纳、顺其自然的积极心态面对老年疾病，避免或减少对疾病的恐惧。

（5）树立"最好的医生是自己，最好的药物是心态"的观念。

（6）理性地面对疾病的治疗，避免过度治疗。

（7）进行积极的自我疗愈，激发内在自我疗愈能力。

（8）重视全面均衡的营养在疾病的治疗和康复中的积极作用，避免盲目忌口"发物"。

（9）直面和看淡生死，疾病就不那么可怕了。

3. 如何理性平和地面对死亡的宣讲

如何面对死亡是每个人重要的人生课题。随着年龄的不断增长，对死亡存在着恐惧心理的老人，可能整天忧心忡忡，焦虑不安，严重影响了自己的生活品质和心理健康。因此，开展老年人如何理性平和地面对死亡的宣讲，对维护老年人心理健康意义重大。

老年人如何理性平和地面对死亡的宣讲可包含以下要点。

（1）老年人如何理性平和地面对癌症等重大疾病，减少对疾病的焦虑和恐惧。

（2）老年人如何树立正确的疾病观和死亡观。

（3）老年人怎样调适对疾病和死亡的焦虑、恐惧等严重心理问题。

（4）老年人如何合理地规划自己的晚年生活，让自己的生命更具存在感和幸福感。

（5）老年人如何做到平和、坦然地面对、接纳死亡。

（6）老年人如何让自己在临终前活得更有生命质量，死得更有尊严。

学习单元 3

个体心理健康指导的实施

一、个体心理健康指导的过程

1. 建立良好的指导关系

建立良好的指导关系是心理健康指导的核心程序之一。无论采用何种心理健康指导理论和方法，都必须先建立良好的指导关系。在此基础上，才能让指导顺利进行，最终实现助人效果。影响指导关系的建立与维护的主要因素有：心理健康指导专业人员的指导理念、指导态度、个性特征等，被指导者的求助动机、合作态度、期待程度、悟性等。

其中，指导态度是非常重要的影响因素。正确的指导态度包括5个要素，即尊重、真诚、共情、热情和积极关注。

（1）尊重。尊重是指心理健康指导专业人员在价值、尊严、人格等方面与被指导者平等，把被指导者当作有思想感情、内心体验、生活追求、独特性与自主性的个体去平等对待。

（2）真诚。真诚是指心理健康指导专业人员以诚实、可靠的态度去帮助被指导者，没有防御式伪装，不隐藏在专业角色下，不带"指导专家"假面具，表里如一、真实可信地置身于与被指导者的关系中，也不特意取悦对方，不回避自己的失误和短处，直截了当地表达自己的想法。真诚是建立关系的基础。

（3）共情。共情是指心理健康指导专业人员设身处地、感同身受地去体验被指导者的感受和内心世界，觉察其思想，了解其如何看待自己、如何看待周围世界，让被指导者感受到被接纳、理解和尊重。

共情包括3个方面的含义：一是指心理健康指导专业人员通过被指导者的言行，深入被指导者内心去体验其情感、思维；二是指心理健康指导专业人员借助自己的知识和经验，把握被指导者的体验与其经历和人格之间的联系，更好地理解问题的实质；三是指心理健康指导专业人员运用指导技巧，把自己的体验和共情传达给被指导者，以影响对方并取得反馈。

（4）热情。在心理健康指导中，心理健康指导专业人员应自始至终表达出热情的态度，初次见面即对被指导者表达适当的关切和询问，指导中注意倾听被指导者的叙述，表现出耐心、认真的态度，让被指导者感受到心理健康指导专业人员的友好、温暖。

（5）积极关注。积极关注是指心理健康指导专业人员通过使用语言和非语言的技巧，让被指导者感到被爱护、温暖、关怀、接纳、尊重和关注，尤其要关注被指导者言语和行为方面表现出的积极、阳光、具有能量感的方面，并给予肯定，让被指导者感到自己是有价值和有尊严的。积极关注通常可以通过眼睛的注视、身体语言、认真倾听、言语追随和不打断被指导者的叙述等来传达。

除有助于建立良好的指导关系、促进相互连接和沟通外，积极关注本身也具有心理健康指导功能。

2. 相关信息资料的收集和评估

需要收集的被指导者资料主要包括人口学资料、成长史、疾病史、生活和工作状况、婚姻家庭情况、娱乐活动情况、社会交往情况、求助的问题、与求助问题有关的心理咨询或治疗史、精神病史、当前情绪状况、应对模式等。收集资料完成后，就要对这些资料进行分析评估，做出个体是否属于心理健康指导服务范围的判断。如果怀疑个体有患心理疾病的可能性，就要建议其去相关专业机构诊断治疗，如果个体属于心理健康指导的服务范围，就可以继续分析确定其心理问题的类型、性质、严重程度及个体对接受指导的适应性。

3. 确立指导目标

指导目标就是通过心理健康指导要解决什么问题，让被指导者学会哪些自我心理调节方法，实现怎样的成长等。制定指导目标要遵循"与被指导者一起制定""目标要有针对性、具体、可行""近期目标与远期目标相统一"等原则。

4. 确定指导方法

指导方法要依据心理健康指导专业人员擅长什么心理学流派的理论和技术及被指导者的心理问题的类型来确定。同时要告知被指导者，要积极主动地参与到心理健康指导过程中，被指导者才是心理健康指导过程的主角，通过心理健康指导其问题会逐步得到解决，所有改变都是循序渐进的。

5. 实施心理健康指导

在实施心理健康指导的过程中，心理健康指导专业人员向被指导者给出指导性的建议，对其进行认知上的改变或者是行为上的矫正，逐步落实心理健康指导措施。在实施心理健康指导的过程中，心理健康指导专业人员要鼓励、协助被指导者做出改变，实践新的行为。

在实施心理健康指导的过程中，心理健康指导专业人员要密切注意指导关系的维持与巩固，要注意对价值态度中立原则、为被指导者保密原则的遵守。

6. 巩固与结束

肯定被指导者已经取得的成绩和进步，告知其心理健康指导已经基本实现了预定目标；心理健康指导专业人员与被指导者一起对其心理问题和心理指导过程进行回顾总结；指导被指导者巩固已有的进步，并将学到的解决问题的方法应用到日常生活中去，逐步稳定内化成被指导者的观念、行为方式和能力。

二、个体心理健康指导的常用技术

心理健康指导专业人员要顺利有效地开展心理健康指导活动，必须掌握常用的心理健康指导技术。在心理健康指导过程中，心理健康指导专业人员要在有限的时间内让被指导者敞开心扉讲述自己的故事，讲出自己的内心困扰，发现被指导者心理问题背后的根源，实现帮助被指导者解决心理问题、增进心理健康、提高社会适应能力，促进被指导者成长和全面发展的指导目标。因此，在指导中有目的、有针对性地使用心理健康指导的相关技术，至关重要。

1. 参与性技术

参与性技术，主要是从被指导者的角度或参照框架出发，帮助被指导者澄清问题，启发被指导者进行自我探索和实践，从而实现指导目标，促进被指导者的成长与发展。

（1）倾听技术。倾听是心理健康指导的第一步，是建立良好指导关系的基本要求。

倾听既可以表达对被指导者的尊重，也能使其在宽松和信任的沟通氛围中诉说自己的烦恼。倾听时，心理健康指导专业人员要能积极、认真、有兴趣、用心、专注地去听，不打断被指导者，不对被指导者做价值评判，并向被指导者传达理解和接纳的情感。

心理健康指导专业人员应全神贯注地倾听，表现出对被指导者的话题感兴趣。被指导者感受到被重视和被关心，获得了自尊，就会对心理健康指导专业人员产生良好印象，愿意与其建立良好的指导关系。心理健康指导专业人员的倾听能增强被指导者的信心，使其有勇气去面对困难，面对自己。倾听还能鼓励被指导者承担起在会谈中进行话题选择和确定谈话焦点的责任，也为被指导者提供了正确处理人际关系的示范。

（2）提问技术

1）开放式提问技术。开放式提问技术，就是心理健康指导专业人员提出的问题没有预设答案，被指导者也不能用一两个字或者一句话来回答。通过开放式提问能得到更多的被指导者的信息。开放式提问通常使用"什么""如何""为什么""能不能""可不可以"等疑问词来发问，让被指导者对问题进行详细的说明。

2）封闭式提问技术。封闭式提问技术，就是心理健康指导专业人员提出的问题带有预设答案，被指导者只需以"是""不是""对""不对"或者一个短句回答即可。封闭式提问可以让心理健康指导专业人员明确某些问题的答案。封闭式提问通常使用"是不是""对不对""要不要""有没有"等疑问词提问。

（3）鼓励技术。鼓励技术，就是心理健康指导专业人员通过语言等对被指导者进行鼓励，或者重复被指导者的话，鼓励其进行自我探索和改变。鼓励技术通常仅以"嗯""接下来呢""讲下去""还有吗"等词来强化被指导者叙述的内容并鼓励其进一步表达、探索。

（4）内容反应技术。内容反应，也称释义或说明，是指心理健康指导专业人员用自己的话，提纲挈领、简明扼要地把被指导者表达的内容反馈给被指导者，以达到加强理解、促进沟通的目的。心理健康指导专业人员的简述，不能扩大或缩小被指导者原本叙述的语义。

（5）情感反应技术。情感反应技术是指，心理健康指导专业人员对被指导者陈述的有关情绪、情感的内容，进行概括、综合与整理，用自己的话反馈给被指导者，以达到加强对被指导者情绪、情感的理解和促进沟通的目的。情感反应与内容反应的区别是，前者是对被指导者陈述内容的反馈，即重在认知信息；后者是对被指导者情绪、情感的反馈，重在情感信息。

（6）具体化技术。具体化技术，就是心理健康指导专业人员协助被指导者清楚、准确地表述其观点、所用的概念、所体验到的情感及所经历的事件，目的是澄清被指导者模糊、混乱、矛盾的概念、观点及对问题的表述，弄清楚被指导者的真实意图和问题。具体化技术更多地将注意力集中于被指导者情绪和感受背后的具体时间与细节。但要注意的是，具体化并不是对被指导者表达的每个事实和感受的细枝末节都进行讨论，而是要在把握整体、全面衡量的基础上，针对性地对重要问题具体化。

（7）即时化技术。即时化技术，就是心理健康指导专业人员帮助被指导者关注此时此刻的情况，对被指导者指向心理健康指导专业人员的言语、行为、情感给予及时的反应。需要对被指导者做出即时化反应的情况有：被指导者表达出非常重要的情感或情绪，出现小心翼翼或犹豫，对心理健康指导专业人员出现信任危机，出现生气、苦恼、愤怒、敌对等严重负性情绪，表现出多次回避、抗拒等阻抗。

2. 影响性技术

影响性技术，就是心理健康指导专业人员在某个时刻超越被指导者的参照框架，从心理健康指导专业人员自己的角度出发，依据所接受的心理健康指导专业训练和所具有的洞察力、感受力和人生经验，主动地对被指导者施加影响，实现促进被指导者的成长的目的。

（1）面质技术。面质又称质疑、对质、对峙、对抗、正视现实等，是指心理健康指导专业人员指出被指导者所存在的矛盾，协助被指导者深入地了解自己的感受、信念、行为和所处的情况，鼓励被指导者放下防卫心理，勇敢地面对自己、面对现实，推动被指导者的自我审视与自我悦纳，帮助被指导者发现自己潜在的能力和优势。由于面质涉及的问题对被指导者具有刺激性、挑战性，因此，面质要以事实根据为前提，同时要特别注意与被指导者深入共情、语言轻柔委婉，避免面质方式不当可能导致的被指导者的阻抗和退缩。

（2）解释技术。解释技术，就是心理健康指导专业人员对被指导者的思想、情感、行为和事件之间的联系进行阐述。解释技术的功能，是使被指导者从一个全新的、更全面的角度重新认识和面对困扰和问题，并借助科学的观念和思想加深对自身行为、思想和情感的领悟，从而实现在认知上的正性改变，实现自我成长。

（3）指导技术。指导技术是指，心理健康指导专业人员直接告诉被指导者做某件事、说某些话或以某种方式行动。指导或是依据某种心理学理论的指导模型，或是根据心理健康指导专业人员的指导经验开展。指导技术是影响力最明显的一种技术。精神分析学派常指导被指导者进行自由联想以寻找问题的根源。行为主义学派常指导被指导者做各种行为训练，如系统脱敏法、满灌疗法、放松训练、自信训练等。理性情绪学派针对被指导者的各种不合理观念予以指导，用合理的观念代替不合理的观念。

使用指导技术时，心理健康指导专业人员应十分明确自己对被指导者指导些什么，以及效果怎样，叙述应清楚，要让被指导者真正理解指导的内容。同时，不能以权威的身份强迫被指导者，若被指导者不理解、不接受，指导取得的效果就差，甚至无效，还会引起被指导者反感。指导时的言语和非言语行为都会对被指导者产生影响。

（4）情感表达技术。情感表达技术就是心理健康指导专业人员将自己的情绪、情感及对被指导者的情绪、情感等告诉被指导者，以影响被指导者，帮助其成长。情感表达的内容和方式应有利于指导的进行，而不是为表达而表达，更不是为了发泄。心理健康指导专业人员通过情感表达更好地与被指导者共情，利于巩固指导关系。

（5）内容表达技术。内容表达技术是指心理健康指导专业人员向被指导者传递信息、提出建议、提供忠告、给予保证、进行反馈等，以影响被指导者，促进被指导者更好地实现指导目标，如心理健康指导专业人员向被指导者介绍什么是心理健康指导、指导中的保密原则是什么等。

（6）自我开放技术。这里的自我开放技术与宣讲中使用的自我暴露技术是同一语义，即心理健康指导专业人员向被指导者分享自己的情感、思想、认知、经验等。自我开放有两种形式，一种是向被指导者表明在会谈时对被指导者言行的体验，另一种是告诉被指导者自己过去的有关经历和情绪体验。自我开放有利于建立良好的指导关系，为被指导者树立榜样、提供解决问题的启示，从而促进被指导者自我开放。

（7）影响性概述技术。影响性概述技术，就是心理健康指导专业人员将自己所叙述的主题、观点、意见等组织整理后，以简明扼要的形式表述给被指导者。当会谈的一个段落完成或一次会谈结束时，进行概述作为小结。影响性概述的作用：一是使会谈显得有结构、有条理；二是对刚才的谈话做一番检视，强调某些重要内容，加深印象；三是为进入下一步会谈做好准备。

3. 非语言技术

心理健康指导的非语言技术，就是在指导过程中心理健康指导专业人员借助表情、声调、姿态、动作等非语言沟通方式来觉察被指导者的内心活动，了解被指导者的情绪状态。心理健康指导专业人员借助非语言技术能够加强指导效果。

（1）目光注视技术。心理健康指导专业人员是否善于在倾听和表达时使用目光注视技术，直接影响到指导的效果。在会谈时，心理健康指导专业人员目光注视被指导者，表示对其叙述内容的专注和感兴趣。心理健康指导专业人员倾听对方叙述时，目光可直接注视着对方的双眼，但不是紧盯着被指导者；目光注视的范围以人的面部为宜；目光不要始终注视对方，如发现对方有意避开目光接触，就不要再紧盯着对方。另外，心理健康指导专业人员也可以通过目光注视看出被指导者的性格特征。例如，若被指导者眼神躲闪回避、暗淡无光，则可以看出其是自卑、退缩、内向的性格；若被指导者目光炯炯，则可以看出其是自信、开放、外向的性格。

（2）形体动作技术。心理健康指导专业人员要使自己的姿态、手势等身体语言融入心理健康指导过程中，以强化语言表达的含义。心理健康指导专业人员在倾听被指导者谈话时，身体应略微倾向被指导者，并用点头等动作表示对被指导者的注意和肯定。另外，心理健康指导专业人员也可以从被指导者的形体动作看出其内心活动和情绪。例如，如果被指导者一直紧紧地抱着胳膊，可能表明其处于自我保护状态；如果被指导者的肩部缩起，手臂紧靠身体，可能表明其处于紧张状态，随时准备防御。

（3）声音特征技术。声音特征指说话的音量、音调、语速、语气、节奏等。心理健康指导专业人员声音特征的变化，对指导关系的建立和指导的效果均会产生影响。心理健康指导专业人员的声音能否让被指导者感到舒服、顺耳、温暖、亲切至关重要。只有对被指导者真切地关心和尊重，指导的语言中才会有灵魂，声音才会触动人心。心理健康指导专业人员说话的音量不要太大，以等于或低于被指导者音量为宜；语速应稍缓，尤其是当被指导者激动、语速加快时，心理健康指导专业人员的语速更应放缓，以让被指导者平静下来；语调要抑扬顿挫，不要太平；还要注意使用停顿，以引起被指导者重视，使其集中注意力，产生领悟和思考等。另外，心理健康指导专业人员也可以留意被指导者说话的音调、语气、语速等，从中可以感受到其情绪状态和态度。

（4）距离和角度技术。会谈时，心理健康指导专业人员与被指导者间的距离和相对角度也是一种重要的非语言行为。每个人都有一个无形的空间，以保持自己的独立、安全和隐私。侵入这一空间，就会让人产生不安、焦虑、不满和反抗。因此，在心理健康指导中，双方的距离应以被指导者觉得舒服为宜，避免相距太远而让其产生冷漠、疏远、孤独的感觉，或相距太近让其感到压抑和局促不安。双方座位间形成的角度以直角为好。

4. 处理沉默技术

处理沉默技术，就是在心理健康指导过程中处理沉默的方式方法。在心理健康指导过程中，大部分的沉默来自被指导者，可能是因不信任心理健康指导专业人员而沉默，因不知道该说什么而沉默，因产生气愤、恐惧、羞愧等情绪而沉默，因正处于一种思考状态而沉默，因性格内向不善言辞而沉默，因不愿意配合指导而出现阻抗性沉默等。

心理健康指导专业人员要允许沉默的发生，让谈话暂时停顿，同时分析被指导者沉默原因，有针对性地做出应对。心理健康指导专业人员要特别注意观察被指导者的非语言行为，选择在适当的时候打破沉默。当被指导者陷入长久的沉默时，心理健康指导专业人员可以适时关切地问"能告诉我你在想什么吗";如果被指导者由于思考而沉默,心理健康指导专业人员最好以微笑、注视、微微点头表示自己对被指导者的关注、理解和鼓励,等待被指导者打破沉默;如果沉默是阻抗引起的,心理健康指导专业人员尤其要注意处理的方式、方法;如果被指导者的逆反、对抗心理比较严重,最好暂时中止指导。

沉默表面上看可能是指导中出现的危机,但也可能是一种转折契机,如果心理健康指导专业人员把握机会,适当地利用沉默,往往能够取得突破。

学习单元 4

常见严重心理问题的调适指导示例

常见严重心理问题的指导策略,已经在培训任务 2 中进行了介绍。因此,本单元主要针对所列具体常见严重心理问题的调适指导,进行要点性的介绍。

一、心理健康指导室的条件要求

1. 选址

心理健康指导室应选在阳光充足、通风良好、明亮安静、有一定的隐秘性、旁人不可随便进入、让被指导者感到安全放松的地方;噪声应小于 40 dB,避免干扰指导活动的正常进行。

2. 面积

心理健康指导室面积一般为 10~15 m^2,过大不利于指导关系的形成,过小使心理健康指导专业人员与被指导者距离过近,产生压迫感。

3. 室内配置

室内一般采用暖色调的配饰,如窗帘、挂饰等,配合淡黄色或者淡绿色的墙壁,营造温暖舒适的氛围,使被指导者平静、放松。选用柔软的布艺沙发或舒适的座椅,沙发或座椅上可以放抱枕或毛绒玩具，使被指导者放松。房间最好留有窗户，以透光并减少空间的压抑感。室内还可以配置办公桌、计算机、无声计时器，方便心理健康指导专业人员适时使用。室内可适当布置绿色植物等，营造舒适的氛围，调动被指导者内心的正性情绪。

二、常见严重心理问题的调适指导

这里说的常见严重心理问题，主要是指心理问题等级分类中的严重心理问题和神经症性心理问题。这些严重心理问题不仅让被指导者受到严重的负性情绪和不适症状的困扰，而且会严重影响其身心健康、人际关系、学习、工作和生活。

1. 焦虑情绪调适指导

（1）认识焦虑情绪。焦虑情绪是指个体因对做某种事情缺乏胜任感、害怕事情做砸，或不明原因地担心有不好的事情要发生，或感到存在某种威胁而产生的惶恐不安的痛苦情绪体验。其典型表现为没有确定的客观对象和具体而固定的观念内容的提心吊胆，但症状还没有达到焦虑症的严重程度。

（2）寻找焦虑情绪产生的原因。日常学习、工作和生活中焦虑情绪的产生，主要是由于以下因素。

1）自我效能低。个体的自我效能高低与其焦虑水平有直接关系，自我效能越高，焦虑水平越低，反之亦然。

2）担心负面社会评价。社会评价对人们的身心感受有很大的影响。当提高学习或工作的难度要求时，有人会担心因做不好而引起负面社会评价，从而产生焦虑情绪。

3）过分在意结果。特别关注行为的结果、对失败特别敏感、有很强的避免批评和失败的心理动机、无法有效发挥自己潜能的人，容易产生焦虑情绪。

4）过分担心未来。对未来生活充满担心、恐惧的人，容易产生焦虑情绪。

5）高焦虑个性特征。性格内向的人，不擅长与人交流、沟通，可能会将很多事情憋在心里，不停地琢磨，容易产生焦虑情绪。

6）人际矛盾冲突。人际矛盾冲突是导致人们产生焦虑情绪的重要、常见原因。

7）过大压力和应激事件。工作和生活压力过大，发生失恋、离婚、患重大疾病等重大负性生活事件，也是产生焦虑情绪的重要原因。

8）认知偏差。认知过程在焦虑情绪的形成中起着极其重要的作用。认知不合理、不理性的人，更倾向于认为坏事总会落到他们头上、失败在等待着他们，低估自己对消极事件的控制能力而产生焦虑。

（3）认识焦虑情绪对心理健康的影响。焦虑情绪人人都有，是一种正常的心理反应，适度的焦虑是从事某种活动的内在动力。但是焦虑情绪持续时间较长就有可能带来生理上的病态反应，如失眠、慢性疼痛、胃肠和心血管功能紊乱等。

过度的焦虑情绪对心理健康的影响主要表现在导致个体整天心神不定、惶恐不安、注意力不集中、记忆功能下降、思维混乱、做出决定困难，严重影响个体的学习或工作。如果没有得到及时有效的调适，焦虑情绪有可能发展为焦虑症。

（4）焦虑情绪的调适指导方法。当被指导者出现焦虑情绪时，心理健康指导专业人员可以从以下方面对其进行调适指导。

1）正视和接纳焦虑情绪。心理学研究表明，适度的焦虑情绪并不是坏事，它有助于激发和调动个体的内在力量去完成目标行为或应对外界变化，焦虑情绪还有助于个体在具威胁性的环境中生存。焦虑情绪的产生不可避免，如果在认知上把焦虑情绪正常化，正视和接纳焦虑情绪，以平和的心态任由它来去，焦虑情绪就能得到缓解和消除。

2）找出焦虑源。被指导者的焦虑源可能是现实的某种繁重任务、对未来的担忧等。找到焦虑源，就能够有针对性地予以调节。

3）预想补救措施。为了减轻焦虑情绪，以及在将来遇到同样情况时不再焦虑，被指导者要尽快预想补救措施。例如，如果被指导者要参加辩论赛，出现了焦虑情绪，就去预想自己会出现什么样的错误，可以怎样弥补。通过这种预想，被指导者一方面会慢慢理解"错误是谁都无法避免的"，从而不会过于害怕犯错；另一方面一旦真的犯错，也不会非常慌乱，因为已经有了思想准备。

4）采取以事件为中心的应对策略。以事件为中心是指当个体面临一项挑战时，是先考虑自己的情绪还是先考虑这个挑战本身，前者是以自我为中心的应对策略，后者是以事件为中心的应对策略。当被指导者感受到焦虑情绪时，如果以自我为中心，就会把注意力放在焦虑情绪上，使焦虑情绪越发严重；如果被指导者以事件为中心，把注意力放在要怎样更好地去完成要做的事情上，不仅分散了对焦虑情绪的注意力，让焦虑情绪缓解，而且有利于完成任务。

5）适当选择转移注意策略。当导致焦虑情绪的事情没有办法解决时，将事情暂放一下，并借助专注的力量，将注意力从收集自我威胁性信息（如我被困住了）转移到非威胁性信息，是缓解当下焦虑情绪的有效方法。例如，回想一件轻松快乐的事情，找一本有趣的书读，从事自己喜爱的一项娱乐活动，进行体力劳动、体育运动等，都是缓解焦虑的好方法。

6）进行积极的心理暗示。自信是克服焦虑情绪的"良方"。平时应多对自己进行积极的心理暗示，鼓励自己树立自信，相信自己有能力完成各种工作。每多一分自信，焦虑情绪就能缓解一些。

7）把目标具体化。如果焦虑情绪是源于对目标能否实现的不确定，可以对目标进行具体化分析，先确定目标是什么，然后明确目标的完成时间，最后把预计所需的完成时间分成多个小的时间段，确定最近的时间段内该怎么做，要达到怎样的效果。当目标被具体化后，被指导者就能弄清当下的行动方向和需要提升的能力，从而缓解焦虑情绪。若具体化后，发现目标太高无法实现，就要适当地对目标进行调整，降低期望值。变不确定为确定，焦虑情绪就会自然得到缓解。

8）不惧将来，活在当下。未来怎样总是未知的，不管怎样担心、焦虑都无济于事。放下对未来的担忧，让自己活在当下，把现在的事情做好，不仅能缓解和消除焦虑情绪，还能为解决未来的困境做好准备。

9）进行体育锻炼。研究表明，体育锻炼不仅能让大脑释放让人感到愉悦、放松的内啡肽，还能减少致人抑郁与焦虑的化学物质的生成；体育锻炼也能让躯体通过出汗排出体内废物，让生理功能得到调整而让人心情舒畅，从而缓解焦虑情绪。

10）应用放松训练技术。应用放松训练技术可以缓解身心疲劳，恢复身心平静。

2. 抑郁情绪的调适指导

（1）认识抑郁情绪。抑郁情绪是个体在遇到过大压力、挫折失败、重大负性事件时产生的负性情绪，一般表现为情绪低落、兴趣缺乏、消极悲观、自我否定甚至自我贬低、欲望减退、乏力萎靡、不想说话、不想做事、自我压抑、焦虑失眠等症状，严重时有强烈的自责感、内疚感，觉得自己没有价值，自罪，疑神疑鬼，出现生理功能下降，影响正常生活。

抑郁情绪是每个正常人都会产生的负性情绪，未达到抑郁症的诊断标准，通常可以通过自我调节或随着时间的推移而缓解和消除。但是，如果抑郁情绪持续超过1个月，就需要由精神科医生诊断是否已经发展为病理性抑郁。

（2）寻找抑郁情绪产生的原因

1）沉闷压抑的家庭氛围。沉闷压抑、缺乏生气的家庭氛围，容易让人产生抑郁情绪。父母采用不正确的教养方式或者忽略孩子的情绪需求，与孩子抑郁情绪的产生关系重大。

2）不良人际关系。缺乏与人的沟通交流，或者人际关系紧张，是抑郁情绪产生的重要因素。

3）抑郁气质类型。古希腊医师希波克拉底将人的气质类型分为多血质、胆汁质、黏液质、抑郁质。其中，抑郁质类型的个体多观察细致、非常敏感、表情腼腆、多愁善感、行动迟缓、优柔寡断。而心理学家荣格将人格分为内倾型和外显型。内倾型人格多表现为性情羞怯、喜欢独处、情绪不外露、敏感多疑、倾向于幻想和沉思、做事犹豫不决、认知消极。抑郁质和内倾型的人都容易产生抑郁情绪。

4）遭受重大挫折。抑郁情绪总是与遭受重大挫折联系在一起的。重大考试失利、失业、亲人离世、交通事故、失恋或离婚、破产等重大负性事件会给人带来巨大的打击，让人身陷悲伤、痛苦之中，如个体的情绪不能及时得到调整，个体就可能长期陷入抑郁情绪之中。

5）思维认知偏差。凡事总往坏处想，习惯于消极认知、自我贬低、自我否定的人容易产生抑郁情绪。

（3）认识抑郁情绪对心理健康的影响。抑郁情绪对心理健康的影响主要表现在让人感觉到人生无望、痛苦、心烦意乱、六神无主、精力难以集中、自我否定、缺乏动力和热情、记忆力减退、意志力和自我约束力下降，对学习、工作和生活造成不良影响。

（4）抑郁情绪调适指导方法。当被指导者出现抑郁情绪时，心理健康指导专业人员可以从以下方面对被指导者进行调适指导。

1）接纳抑郁情绪。人生在世，产生抑郁情绪不可避免，在认知上把抑郁情绪正常化，不为抑郁情绪而焦虑，就能减轻抑郁情绪对被指导者的影响。

2）寻找产生抑郁情绪的原因。让被指导者寻找现实生活中或性格方面导致抑郁情绪产生的原因，然后有针对性地进行自我调适。

3）改变认知偏差。很多时候导致抑郁情绪产生的并不是事件本身，而是被指导者对事件的认知偏差。事件发生后就无法改变，但被指导者可以改变自己对事件的认知，从而让抑郁情绪得到缓解或消除。

4）坚持体育运动。实践证明，坚持体育运动对于帮助被指导者调节抑郁情绪具有很好的作用。

5）培养兴趣爱好。兴趣爱好既能丰富生活情趣，又能放松身心，改善大脑功能，分散注意力。让被指导者沉浸在自己喜欢的活动中，可以让其心情愉悦，心胸敞开，注意力得到转移，从而使抑郁情绪得到缓解。

6）争取社会支持。亲密的家人和朋友是被指导者宝贵的支持资源，让被指导者多与正能量的家人和朋友交流，可以让其负性情绪找到很好的出口，帮助其疏泄抑郁情绪，获得看待问题的不同角度，让抑郁情绪得到缓解。

7）接触自然环境。大脑前额皮质是抑郁性沉思时大脑最活跃的部位，这一区域的神经活动被认为与心理疾病患病风险有关。有研究发现，自然环境下散步后大脑前额皮质的神经活动减少了，说明自然环境能够让大脑得到平静和安宁。因此，可建议被指导者不要总是待在室内，可到家附近的公园或乡间小路散步，呼吸清新空气，欣赏大自然的美景，拓宽视野，开阔胸襟，让抑郁情绪得到改善。

8）转移注意力。转移注意力，就是利用专注的力量，不让自己沉浸在抑郁情绪的世界里，把自己的注意力从抑郁情绪上转移到另一种能引起正性情绪状态的事物上，如运动、下棋、听音乐、与朋友聚会等。专注于做一件自己感兴趣的事情，从中获得成功后的价值感和成就感，能让被指导者的抑郁情绪得到改善。

9）坚持正念冥想。正念冥想可以让被指导者觉察和专注在此时此刻身体和心理的动态上，对身体和心理出现的任何感觉（尤其是抑郁情绪等负性情绪）采取不加评判的、顺其自然的、接纳的态度去面对，利于平复抑郁情绪，让内心安宁下来。

3. 自卑心理的调适指导

（1）认识自卑心理。自卑心理是指在和别人比较时，由于对自己的境遇、能力、品质等方面的评价偏低，过多关注自己的缺点，自我否定而产生的负性情绪体验。

（2）寻找自卑心理产生的原因

1）自我评价过低。个体往往以他人为参照标准来认识和评价自己。如果对自己的评价过低，认为自己什么都不行，自然就会削弱自信心而产生自卑心理。例如对自我形象不认同，或者是怀疑自己的能力，都会让自我评价低而导致自卑心理的产生。

2）重要关系人的负性评价。父母、老师等重要关系人的评价会对个体的心理产生巨大影响。这些重要关系人的负性、贬抑性评价，会严重挫伤孩子的自尊心和自信心，使其产生自卑心理。

3）社会地位低微。社会地位低微，如家境贫穷、学历低、工作环境不好等，也会使人产生自卑心理。

4）早期受挫经历。心理学研究证实，不少心理问题的发生，都可在个体早期生活中找到根源。自卑作为一种消极的心理，与个体从小生长的环境、受到的教养方式密切相关。

5）个人性格特点的影响。抑郁质气质类型、性格内向者大多对事物的感受性强，易放大事物带来的消极后果，且不容易将其消极体验及时宣泄和排解，容易导致自卑心理的产生。

6）自我要求过高。当个体对自己的期望和要求大大超过自己的自我效能限度，或者总是事与愿违，实现不了自己的期望时，就容易产生自卑心理。

7）具有生理缺陷。具有五官不够端正、过胖、过瘦、过矮、口吃、残疾等生理缺陷的人，更容易自惭形秽而产生自卑心理。

（3）认识自卑心理对心理健康的影响

1）影响人格发展。具有自卑心理的人，往往对他人对自己的态度和评价过分敏感，任何负面态度和评价都会导致其内心的剧烈冲突，甚至会扭曲他人的评价，容易产生不安、内疚、忧郁、失望、孤独、退缩、嫉妒、暴怒、颓废等负性情绪，其心理健康和人格发展会受到影响。

2）无法与人正常交往。具有自卑心理的人，由于感觉自己一无是处，会对与人交往产生恐惧，甚至不愿见人，无法正常地接触社会人群，其学习、工作和生活会受到严重影响。

3）易导致极端行为发生。具有自卑心理的人缺少应对失业、离异、患病等重大负性生活事件的能力，容易积累负性情绪，过多的负性情绪可能突然爆发，使其做出伤害他人或自己的极端行为。

（4）自卑心理的调适指导方法。心理健康指导专业人员可以从以下方面入手对被指导者进行自卑心理的调适指导。

1）接纳自己的不完美。让被指导者认识到世界上并没有十全十美的人，每个人都有自己的优势，也有自己的不足和缺陷，从而接纳自己的不完美甚至缺陷，是化自卑为自信的开始。无条件悦纳自己，是克服自卑心理的一条铁律。

2）给予积极的自我评价。每个人如何评价自己对自信心和情绪都有很大的影响。被指导者应该增强和完善自我意识，学会客观地评价自己和他人，看到他人有长处也有短处，自己有劣势也有优势，找到自己心理的平衡点。克服自卑心理的关键点，是更多地看到自己的长处，肯定自己的长处，让自己变得自信。

3）做好自己，不与他人比短长。自卑心理严重的人，往往看到的是别人的长处和自己的短处，而且拿别人的长处与自己的短处相比较，自然就会感到自己不如人而自卑了。正确的做法是不与他人比短长，走自己的路，活出真实而充实的自己。

4）应用量体裁衣作业法。量体裁衣作业法，就是让被指导者先找某件自己很有把握完成的事情去做，成功后其便会收获一份喜悦和自信，然后再找另一件有把握的事情去做……每一次成功都是对其自信心的强化，随着自信心的提高，逐步向难度、意义更大的目标努力，这样循序渐进地去完成自己能力范围内的事情，就能逐步用自信心取代自卑感，同时也让自己的能力不断得到增强。

5）应用补偿法。补偿法即通过扬长避短的方式，以某一方面的突出成就来补偿生理上的缺陷或心理上的自卑感，把自卑感转化为自强不息的推动力量。如有听力障碍的贝多芬，却成了划时代的"乐圣"，不少人都是在这种补偿作用的奋斗中，成为自信、出众的人。

6）进行积极的自我暗示。自我暗示与行为表现之间有很大的关系，消极的自我暗示导致消极的行为，积极的自我暗示则带来积极的行动。采用自我同情，避免脑海中自我批评的声音出现，同时通过积极的自我评价、自我暗示、自我鼓励，进行心理自助,就能让自信心得到加强,让自己充满力量感。引导被指导者经常回忆因自己努力而成功了的事,或合理想象将要取得的成功,也可以激发其自信心,消除自卑心理。

7)不要过度在意外界的评价。外界评价往往会左右个体对自己的评价和情绪,而被外界评价又不可避免。因此,理性地面对外界评价,对维护个体的自尊心和自信心非常重要。他人的评价,是站在他们的立场、在他们的价值观的支配下产生的。个体要有自己的价值评价标准,只将外界评价作为自我审视的一种依据,不让他人的评价左右个体对自己的认知和情绪。

4. 逆反心理的调适指导

(1)认识逆反心理。逆反心理是指他人要求与个体需要或意愿不相符时产生的一种强烈的对抗心态。逆反心理是常见的社会心理现象之一。

逆反心理主要有两种层面的表现。其一是一般社会成员反抗权威、反抗现实的心理倾向。作为一种社会心理现象,它具有鲜明的针对性、反抗性、偏激性、自发性、盲从性等特点。其二是儿童青少年成长中为求自我独立对父母或师长表现出来的反抗心态。作为一种发展心理现象,逆反心理具有鲜明的年龄阶段性、半成熟和半幼稚的特征,是青少年从依赖走向独立、从幼稚走向成熟过程中普遍的心理现象。

(2)寻找逆反心理产生的原因

1)儿童青少年大脑功能和心理特点的表现。发展心理学研究表明,儿童青少年时期大脑还没有发展出控制冲动的能力,因此容易冒险和产生逆反对抗行为。儿童青少年在成长过程中,自我意识和独立意识日益增强,迫切希望摆脱成人的管束和监护,反对成人把自己当"小孩",也会对成人的管教和要求持批判和不服从的态度,逆反心理便由此产生。

2)父母、老师不良的管教方式。父母和老师对孩子持有不良态度、不公正的评价,采用不良的管教方式,都容易导致儿童青少年产生自我保护性的逆反心理。

3)对社会不良现象不满。对社会中存在的贪污腐败、不正之风、利益分配不公、管理方式或教育方法不当等不良现象不满,或个人存在认知偏狭,会导致逆反心理的产生。

4)遭受不公正对待。个体在学习、工作的环境中遭受不公正的评价和待遇,或自尊心受到挫败,或形象受到损害,都可能导致逆反心理的产生。

5)强烈的好奇心。当某种事物被明令禁止时,最容易引起人们的好奇心和探求欲,尤其是在只禁止而不加任何解释的情况下,浓厚的神秘色彩极易引起人们的猜疑、揣度、推测,以至于尝试打破禁令。"你不准,我偏要"就是典型的逆反心理。

6)性格特质。具有任性偏执性格的人,容易采取与其他人不同的态度和行为,以引起他人的注意，且容易通过否定权威或标新立异获得自我肯定。

（3）认识逆反心理对心理健康的影响。逆反心理本身并没有对错。如果个体为维护自己的尊严和权利而产生逆反心理，那么这是个体向自尊和权利的侵害者表达自己的意愿的一种方式，个体不把不满心理压抑在心里，利于维护自身的身心健康。但是，如果是固执偏激的思维习惯导致的消极逆反心理，则会使人无法客观地、理性地认识外界的要求和管理方式，而采取错误的方式方法去做出应对，导致严重的人际关系矛盾冲突发生，不仅对解决问题没有帮助，还会让双方陷入更大的困扰之中，导致更多的心理健康问题。例如儿童青少年因偏激固执对父母、老师等逆反、对抗，不仅会给自己带来痛苦，也会给父母、老师等重要关系人带来困扰和伤害，导致更严重的亲子关系或师生关系矛盾冲突，形成恶性循环。

消极逆反心理如果不加以消除，会导致个体形成多疑、偏执、冷漠、不合群的病态性格，使个体信念动摇、理想泯灭、意志衰退、工作消极、学习被动、生活萎靡等，进一步发展还可能向犯罪心理和病态心理转化，导致危害他人和社会的极端行为发生。

（4）逆反心理的调适指导方法。在与被指导者建立相互信任和接纳的指导关系的基础上，心理健康指导专业人员可以引导被指导者从以下方面对逆反心理进行调适。

1）觉察是否是消极逆反心理。逆反心理与压力一样，既有其消极的一面，也有其积极的一面，当逆反心理是出于对外界伤害的自我保护时，它就是一种积极健康的心理现象。

因此，心理健康指导专业人员要让被指导者分析自己的逆反心理是不是消极的、病态的。对于消极的逆反心理，需要加以调节和克服。

2）改变认知和应对方式。逆反心理的指向对象一般都是处于强势地位的人，如领导、老师或父母。要认识到，如果总是与他们对着干，不仅不利于对方对自己的态度和行为的改变，还可能"火上浇油"，让自己陷入更加不利的境地。改变应对方式，学会冷静、理智、合理、有技巧地表达自己的诉求，才是聪明人所为。

3）自觉克制消极的逆反心理。产生消极的逆反心理时，要提醒自己不要冲动，努力控制自己的情绪，采用建设性的方式去应对问题、维护自己的权益和自尊心。

4）学会理性、客观、多角度考虑问题。用客观、理性的方式去看待社会中的人和事，不仅看到社会中的不合理现象和阴暗面，更要看到社会中的真善美和正能量，就可避免消极逆反心理的发生。对父母、老师、领导的要求和管理方式，如果能够换一个角度看待，可能就能理解对方，消除逆反心理。

5）学会交流与沟通。人与人之间的不少矛盾冲突，都是缺乏沟通所致。因此，学会与领导、老师、父母有技巧的沟通很重要。可以利用恰当的机会，面对面交流或以书信方式进行沟通。沟通的时候态度要诚恳，要充满善意，沟通时主要谈自己的感受，切忌发泄怨气和批评指责,以免导致矛盾冲突加剧。

5. 挫折心理的调适指导

挫折心理是最常见的心理现象之一。它可能会在每个人一生中的任何时候突然发生。因此,对挫折心理的调适指导尤为重要。

(1)认识挫折心理。挫折心理是指个体在从事有目的的活动过程中,因客观或主观的原因其行动受到阻碍或干扰、遇到无法克服和解决的困难和障碍时,产生的失望、沮丧、无助、挫败等情绪体验。

(2)寻找挫折心理产生的原因

1)挫折心理产生的外部原因。引起挫折心理的外部原因主要有自然因素和社会因素两种。自然因素是指个人能力无法克服的自然现象,如自然灾害等;社会因素是指阻碍个体目标达到无法改变或克服的社会条件。社会因素造成的挫折比自然因素造成的挫折对人的心理健康的不良影响更大。

2)挫折心理产生的内部原因。导致挫折心理的内部原因包括生理因素和心理因素两种。生理因素主要是指个人健康出现的状况,例如身体上的某些缺陷;心理因素主要是指个人的能力、智力、知识经验等方面的不足。

(3)认识挫折对心理健康的影响。挫折对个体的情绪和心理健康也具有正反两方面的影响。如果能够从挫折中吸取教训、获得成长,则挫折就能产生正向的影响。挫折对情绪和心理健康的积极意义在于,能锻炼个体的意志,促进个体做出改变,培养个体的韧性,提高个体解决问题的能力。

如果个体对挫折的认知出现偏差,把挫折当作不好的事情看待,那么挫折对个体的心理健康就会产生消极影响,可能导致个体向外攻击或自我伤害,或者产生哭闹、暴怒、任性等儿童化倒退行为,或者导致自信心降低、消极悲观、孤僻离群、盲目顺从、易受暗示、心胸狭窄、意志薄弱、焦虑、紧张、愤怒、不安、冷漠、固执、敏感性和判断力降低等消极心理和畏缩行为。

(4)挫折心理的调适指导方法。心理健康指导专业人员可以从以下方面入手对被指导者进行挫折心理调适指导。

1)理性认知挫折。挫折心理的性质及程度主要取决于个体对挫折的认知。如果出现了挫折情境而个体没有意识到,或者虽然意识到了但并不认为其很严重,就不会产生挫折心理,或者产生的挫折心理对个体的消极影响较小。

"人生不如意事常八九",每个人的人生道路上都会遇到无法逃避的挫折经历,挫折是每个人生命历程的组成部分。挫折并不只是消极的、负面的,它还有积极的、正面的意义。理性认知挫折,找出导致挫折的原因,吸取教训,就能让人变得更智慧、更成熟。挫折也会唤醒个体的自信心，激发个体的进取心，磨砺个体的意志，让人变得更加坚强。在逆境中奋斗不懈，能够促进个体的成长。

2）目标要适度。挫折总是与过高的目标联系在一起。一般来说，目标定得太高，不切合实际，难以实现，就容易使个体产生挫折心理。因此，制定目标时要考虑自身实现目标的主、客观条件，如果察觉目标定得过高，要及时进行调整。

3）正确归因。人们在遭受挫折后，一般都会寻找原因。正确归因，就是要对造成挫折的原因进行客观、全面的分析，弄清挫折心理是外部原因所致还是内部原因所致，或是内、外部原因共同作用所致。正确归因，可以帮助被指导者找出导致挫折心理的主要原因，然后有针对性地加以克服。

4）优化人格。个体对挫折的承受能力与人格特征有关。为了提高对挫折的承受能力，应主动地培养自己良好的人格品质，使人格得到充分、完善的发展，变得更为强大。能有效应对挫折的良好人格主要表现为自信乐观、自强不息、坚韧不拔、宽容豁达、开拓创新等心理品质。

5）自设挫折情境。挫折心理与挫折承受能力的强弱有关。有较多挫折经历的人，比一帆风顺的人的挫折承受能力要强。因此，被指导者平时可以有意识地去面对一些挫折情境，进行意志力、韧性、耐力和挫折承受能力的训练，以提高自己的挫折承受能力。

6）情境转移。受到挫折者的负性情绪反应总是在一定的环境中产生的，设法离开或创造条件改变引起挫折的情境，是调节挫折心理的有效方法。

7）代偿替代。通过替代性或弥补性代偿行为来缓解挫折心理，获得心理平衡，也是调节挫折心理的一种有效方式。例如通过高等教育自学考试获得本科学历，可以弥补高考落榜导致的挫折心理，是很好的代偿行为。

8）寻求社会支持。当遭受挫折而感到压抑、烦恼、愤怒时，可以主动向亲人或朋友倾诉，不仅能得到亲朋的心理支持，让负性情绪得到适当宣泄，而且能获得应对挫折的意见和建议，让自己尽快从挫折中走出来，更好地面对未来生活。

参考文献

[1] 姚树桥.医学心理学与精神病学[M].2版.北京：人民卫生出版社，2007.

[2] 王金凤，柴义江.大学生心理健康教育[M].4版.北京：清华大学出版社，2017.

[3] 曾玲娟，李红云.心理学基础[M].北京：北京师范大学出版社，2015.

[4] 王敬群，邵秀巧.心理卫生学[M].天津：南开大学出版社，2005.

[5] 张兴春.现代心理学：现代人研究自身问题的科学[M].天津：天津人民出版社，2005.

[6] 李祚山.心理咨询技术[M].重庆：西南师范大学出版社，2013.

[7] 潘芳.临床心理学[M].天津：南开大学出版社，2005.

[8] 樊玲，唐立.心理健康教育教程[M].北京：高等教育出版社，2020.

[9] 彭贤，李海青.人际关系心理学[M].2版.北京：清华大学出版社，2013.

[10] 郑莉君.健康心理学[M].北京：中国人民大学出版社，2014.

[11] 王瑶.中学生心理健康与指导[M].北京：北京师范大学出版社，2015.

[12] 樊富珉.心理危机援助热线实务[M].北京：清华大学出版社，2021.

[13] 姚树桥.心理评估[M].3版.北京：人民卫生出版社，2018.

[14] 顾瑜琦，孙宏伟.心理危机干预[M].北京：人民卫生出版社，2013.

[15] 李祚，张开荆.心理危机干预[M].大连：大连理工大学出版社，2012.

[16] 周鑫.精神疾病与司法鉴定[M].武汉：湖北人民出版社，2012.

[17] 张志杰，王铭维.老年心理学[M].重庆：西南师范大学出版社，2015.

[18] 杨凤池.咨询心理学[M].北京：人民卫生出版社，2007.

[19] 李明.叙事心理治疗[M].北京：商务印书馆，2016.

[20] 西华德.压力管理策略：健康和幸福之道[M].许燕，等译.5版.北京：中国轻工业出版社，2008.

[21] 科里.心理咨询与治疗的理论及实践[M].谭晨，译.8版.北京：中国轻工

业出版社，2010.

［22］津巴多，约翰逊，麦卡恩.津巴多普通心理学［M］.傅小兰，等译.8版.北京：人民邮电出版社，2022.

［23］佩恩.叙事疗法［M］.曾立芳，译.北京：中国轻工业出版社，2012.

［24］张宁，孙越异，傅文青.异常心理学［M］.北京：北京师范大学出版社，2012.

［25］陈小异，王洲林.学习心理学［M］.重庆：西南师范大学出版社，2014.

附录1 心理健康指导专项职业能力考核规范

一、定义

心理健康指导是指运用心理学基本知识和心理辅导的专业技能，宣传和普及心理健康知识，并能针对不同群体在成长、生活和工作过程中常见的心理问题和各种困惑，给予指导和帮助。

二、适用对象

适用于希望通过培训获得心理健康指导相关技能的人员，包括：

1. 具有大专及以上文化程度者。
2. 相关工作岗位需要提升心理健康指导能力者。
3. 心理健康服务行业的从业人员。
4. 运用或准备运用本项能力求职、就业者。

三、能力标准与鉴定内容

能力名称：心理健康指导　　　　　　　　　　职业领域：心理治疗技师、心理咨询师

工作任务	操作规范	相关知识	考核比重
（一）能开展心理健康指导	熟练掌握心理健康指导技术	1. 心理健康的特征及其维护概述 2. 心理健康指导相关理论 3. 影响心理健康水平的因素分析	30%
（二）心理问题的识别与鉴定	1. 能开展心理健康水平评估 2. 能对心理问题识别与鉴定 3. 能开展心理危机预防与干预	1. 心理正常和异常三原则 2. 一般心理问题与严重心理问题的鉴别方法 3. 常用心理健康水平评定量表 4. 心理应激、心理压力与心理危机干预相关理论	30%
（三）心理健康指导实习/实践经验：选择学校、单位或社区等	1. 能对不同群体开展心理健康知识宣讲 2. 能开展个体心理健康指导	1. 心理健康知识宣讲的技巧，宣讲主题的选择方法，重点与难点的处理方法 2. 心理健康指导需要的态度与伦理 3. 阳性强化法、合理情绪疗法、认知疗法、行为疗法等心理健康指导技术相关知识	40%

四、鉴定要求

（一）申报条件

达到法定工作年龄，具有相应学历，并具有相应技能和理论知识，有良好的表达能力和沟通能力，准备将本项能力运用于工作中，或打算运用本项能力求职、就业的人员均可报名。

（二）考评员构成

考评员应具有相关职业三级/高级工及以上职业资格（职业技能等级）证书或相关专业中级及以上专业技术职务任职资格，有丰富的心理健康指导、心理咨询专业知识和实际操作经验。每个考评组不少于3名考评员。

（三）鉴定方式与鉴定时间

分为实际操作考核和理论知识考核两部分，满分均为100分。

实际操作考核：个案分析指导，满分70分，纸笔作答，考核时间为90 min；心理健康知识宣讲，满分30分，须提供不少于45 min的宣讲视频。

理论知识考核：笔试，考核时间为90 min。

（四）鉴定场地与设备要求

1. 教室

教室应配备多媒体教学设备，如计算机、投影仪、音响、专业视频录播设备等；配备饮用水、电、窗帘、空调、灯和其他符合公共卫生标准的设施；面积不小于60 m^2。

2. 个体辅导室

个体辅导室应配备专业的个体辅导设备，包括个体辅导椅、个体辅导训练所需要的心理测评软件、放松设备、训练用的专业视频录播设备等。

附录2　心理健康指导专项职业能力培训课程规范

培训任务	学习单元	培训重点难点	参考学时
（一）心理健康指导基础理论	1. 心理健康指导概述	重点：心理健康及其维护概述 难点：心理健康指导概述、心理健康指导专业人员的基本素养	20
	2. 经典心理学流派的基本理论和技术	重点：经典心理学流派的基本理论 难点：经典心理学流派的技术	
	3. 心理健康指导伦理知识	重点：心理健康指导伦理的主要原则 难点：心理健康指导伦理的主要议题	
（二）心理问题的鉴别与指导策略	1. 心理问题的鉴别	重点：心理健康评估方法 难点：心理问题的鉴别及指导策略	10
	2. 人格及其完善指导	重点：人格发展完善的方法和途径 难点：人格异常的表现及其调适指导	
	3. 自我意识的完善指导	重点：自我意识完善的途径和方法 难点：自我意识偏差及调适指导	3
	4. 和谐人际关系的建构指导	重点：建立和谐人际关系的定义、原则、方法与技巧 难点：常见人际关系心理问题及其调适指导	6
	5. 压力管理及调适指导	重点：压力对身心健康的影响 难点：过大压力的调适步骤和方法	4
	6. 情绪管理及调适指导	重点：情绪对身心健康的影响 难点：常见负性情绪及其调适指导	4
	7. 心理危机的预防与干预	重点：心理危机干预 难点：自杀心理危机干预与预防	8

续表

培训任务	学习单元	培训重点难点	参考学时
（三）心理健康指导实践	1. 开展心理健康知识宣讲	重点：心理健康知识宣讲计划的制订 难点：心理健康知识宣讲的实施	14
	2. 开展不同群体心理健康知识宣讲	重点：不同群体心理健康知识宣讲的主题及宣讲要点 难点：不同群体心理健康知识宣讲的实施	
	3. 个体心理健康指导的实施	重点：个体心理健康指导的过程 难点：个体心理健康指导的常用技术	
	4. 常见严重心理问题的调适指导示例	重点：心理健康指导室的条件要求 难点：常见严重心理问题的调适指导	6
总学时			75

注：参考学时是培训机构开展的理论教学及实操教学的建议学时数，包括岗位实习、现场观摩、自学自练等环节的学时数。